# O PODER DA GRATIDÃO

M. J. Ryan

# O PODER DA GRATIDÃO

Aprenda a reconhecer e celebrar o que há de bom em sua vida

SEXTANTE

Título original: *Attitudes of Gratitude: How to Give and Receive Joy Every Day of Your Life*


*tradução*
Teresa Bulhões

*preparo de originais*
Regina da Veiga Pereira

*revisão*
Lara Alves
Tereza da Rocha

*projeto gráfico e diagramação*
Valéria Teixeira

*adaptação da capa*
Miriam Lerner
*ilustração da capa*
Roger Montoya
*design da capa*
Suzanne Albertson
*direção de arte*
Ame Beanland

*pré-impressão*
ô de casa

*impressão e acabamento*
Associação Religiosa Imprensa da Fé

CIP-BRASIL. CATALOGAÇÃO-NA-FONTE
SINDICATO NACIONAL DOS EDITORES DE LIVROS, RJ

R124p Ryan, M. J. (Mary Jane), 1952-
O poder da gratidão / M. J. Ryan [tradução de Teresa Bulhões]. – Rio de Janeiro: Sextante, 2008.

Tradução de: Attitudes of gratitude
ISBN 978-85-7542-352-3

1. Gratidão. 2. Alegria. I. Título.

CDD 179.9
07-4729 CDU 179.9


GMT Editores Ltda.
Rua Voluntários da Pátria, 45 – Gr. 1.404 – Botafogo
22270-000 – Rio de Janeiro – RJ
Tel.: (21) 2286-9944 – Fax: (21) 2286-9244
E-mail: atendimento@esextante.com.br
www.sextante.com.br

*A vida por si mesma vai lhe trazer sofrimento.*
*Você é responsável por criar alegria.*

*Milton Erickson, M.D.*

# SUMÁRIO

# 1.

# A simples alegria de viver com um coração agradecido

*Se depender de outras pessoas para se realizar,*
*você nunca se sentirá verdadeiramente realizado.*
*Se sua felicidade vier do dinheiro,*
*nunca ficará feliz com você mesmo.*
*Fique contente com o que tem;*
*alegre-se com as coisas como são.*
*Quando compreender que nada está faltando*
*o mundo inteiro será seu.*

LAO TZU

Ontem, quando estava dando os retoques finais neste livro, fui jantar num restaurante chinês com minha amiga Annete para falar sobre a gratidão. Quando abri meu biscoito da sorte no fim do almoço, a mensagem era: "Pare de procurar. A felicidade está bem perto de você." Foi uma coincidência perfeita! Porque é exatamente disso que trata este livro. A felicidade, a pura alegria de estar vivo, se encontra a nosso alcance. Tudo de que precisamos é ter uma atitude de gratidão. A gratidão cria felicidade porque faz com que nos sintamos plenos, completos. Gratidão é compreender que temos tudo aquilo de que precisamos, pelo menos no momento presente.

Existe um ditado que diz que as pessoas ensinam aquilo que mais precisam aprender. É exatamente o que acontece comigo em relação à gratidão. Escrevi este livro não apenas porque acho que a gratidão é de importância vital no nosso mundo, mas porque eu mesma quero me tornar mais conscientemente grata. Não me considero uma "especialista", mas sim alguém que, como todos os outros, percorre o caminho da vida em busca de ser a melhor pessoa possível.

Como muitos de nós, passei grande parte da vida catalogando todas as maneiras pelas quais tinha sido ofendida e prejudicada. Na terapia ou fora dela, nas conversas com amigos e com meus seres mais queridos, listava e catalogava as pessoas, os fatos e os lugares da minha infelicidade. Era uma pessimista convicta, sempre pronta a ver o lado escuro de tudo e de todos. Acreditava que a vida era dura e que a desgraça me esperava em cada esquina. Se as coisas estivessem indo bem, era só uma questão de tempo até que piorassem. Pensava em gratidão apenas nos momentos em que agradecia algumas pessoas que me ajudavam a me sentir amada.

Aos poucos, as coisas foram mudando. Não sei bem qual foi o fato que determinou isso, mas fui percebendo uma transformação em minhas atitudes. Muito devagar, à medida que fui compreendendo melhor minhas mágoas, comecei a prestar atenção na falta de emoções positivas na minha vida. Não me sentia mais tão infeliz, preocupada ou sozinha, mas conhecia pouco sobre alegria, felicidade, otimismo, fé e confiança. Então comecei a estudar essas emoções. (Sempre fui boa aluna – se me derem alguma coisa para estudar, deixem comigo.)

Aproximei-me de algumas pessoas que pareciam irradiar naturalmente felicidade, e fiz delas meus professores de otimismo e de alegria de viver. Uma das coisas que logo percebi é que havia em todas um profundo senso de gratidão que parecia fluir delas sem inibição. Investigando mais, descobri que cada uma tinha tido um começo de vida tão ou mais difícil do que o meu. Mas conscientemente escolheram adotar certas atitudes, como a gratidão, que as conduziram a uma felicidade mais plena.

Só então compreendi que você não precisa passar a vida inteira atrelado a atitudes mentais aprendidas na primeira infância. Todos nós podemos ser livres para mudar nossas idéias, e assim nossas experiências também mudarão. Resolvi então investir em ser mais grata, alegre e esperançosa. O resultado da minha jornada está registrado neste livro que vocês têm em mãos.

Vou adiantando aqui algumas das conclusões a que cheguei. Aprendi que procurar ver nossas vidas de uma perspectiva espiritual ajuda muito. Sei que estamos no mundo "para que nossas almas cresçam", para curar nossas feridas – ou pelo menos para abençoá-las – e nos tornarmos mais amorosos, bondosos, corajosos e esperançosos. Quanto mais vivo, mais reconheço que cultivar uma atitude de gratidão é a chave para ter o coração aberto, cheio de expectativas de felicidade.

A gratidão não é apenas a chave. É a chave mágica – basta você usá-la e o mundo subitamente se transformará num lugar maravilhoso, do qual você está convidado a participar. Assim como a maior parte das grandes verdades espirituais, a gratidão é surpreendentemente simples. Isso não quer dizer, no entanto, que uma atitude de gratidão seja necessariamente fácil de praticar. Haverá todo tipo de obstáculos no caminho. Mas se você se propuser a desenvolver atitudes de gratidão, será capaz de superá-los de uma forma que lhe parecerá mágica.

Uma das verdades mais incríveis sobre a gratidão é que é

impossível sentir ao mesmo tempo a emoção positiva do agradecimento e uma emoção negativa como a raiva ou o medo. A gratidão gera apenas os sentimentos positivos – amor, compaixão, alegria e esperança. Quando nos fixamos naquilo que queremos agradecer, o medo, a raiva e a amargura simplesmente se dissolvem sem muito esforço.

Como pode ser isso? A resposta é que a gratidão nos ajuda a procurar o sucesso e a perceber o que há de bom. Desta forma, o cérebro naturalmente trabalha para encontrar o caminho que leva ao sucesso. Se você prestar atenção em uma criança aprendendo a andar, compreenderá o que estou dizendo. Para aprender a andar, ela se levanta e põe um pé para a frente. Bum! Ela cai no chão porque seu equilíbrio é instável. Em vez de se punir, de ficar com raiva ou de culpar o chão, ela apenas registra que não deu certo e tenta de novo. Continua tentando, eliminando o que não funciona e incorporando o que está certo, até conseguir andar. Cair, cair, cair, andar, cair, cair, andar, andar, andar.

Quando crescemos, no entanto, nos fixamos em nossos erros, aprendemos a dirigir nossa atenção para o que *não* está certo, o que está faltando, o que não existe, o inadequado, o doloroso. Por isso a gratidão é tão poderosa. Ela nos ajuda a voltar para nosso estado natural de alegria em que valorizamos o que é certo, não o que é errado. A gratidão nos ensina a ser como as plantas que se viram em direção à luz e não contra ela.

O que desejo com este livro é que os leitores encontrem inspiração verdadeira e algumas idéias sólidas para incorporarem a gratidão às suas vidas.

Para ajudar, encorajar e apoiar você nessa empreitada, começo com "As recompensas da gratidão". Nessa parte examino o que acontece em nossas vidas quando começamos a agradecer. Não se preocupe se ainda não souber como fazer isso.

Por enquanto, vamos analisar os efeitos que essa nova maneira de agir irá criar. Depois passaremos para "As atitudes de gratidão", que são os pontos de vista e as circunstâncias que precisamos adotar para cultivar a gratidão. Finalmente veremos "As práticas de gratidão", que são os modos concretos para desenvolver e manter a gratidão em nosso cotidiano.

Este não é um livro para ser lido de uma só vez. Ao contrário, aconselho que você leia um capítulo e mergulhe nele por um ou dois dias, até mesmo uma semana, antes de passar para o seguinte. Já que a gratidão é tanto uma atitude quanto uma prática, é preciso tempo para integrar os aprendizados, fazendo com que eles se incorporem a você. Não é algo que você lê, acha interessante, põe de lado e esquece. De certa forma, cada capítulo é uma meditação.

Agora, pare alguns minutos e pense em algum acontecimento feliz de sua vida, mesmo que tenha se passado há 10, 20 ou 40 anos. Vivencie-o de novo: veja a cena, ouça os sons que estavam à sua volta, perceba as sensações. O que ele desperta? A gratidão faz parte do sentimento? O que aconteceu para provocar gratidão?

Escrever este livro me deu uma grande alegria, pois foi um ato de gratidão em si mesmo para com aqueles que tão generosamente me ensinaram e inspiraram ao longo da vida, para com os que compartilharam comigo suas idéias, histórias e hábitos. Eu me senti grata pela habilidade da minha mente em reunir tudo isso. E me sinto grata a você por se interessar e desejar participar dessa experiência.

A coisa mais maravilhosa que descobri sobre a gratidão foi que ela faz você se sentir pleno e cheio de encantamento ao lembrar as dádivas que recebeu da vida. Desta forma somos duplamente abençoados quando recebemos alguma coisa – pelo presente em si mesmo e, mais tarde, pela lembrança de tê-lo recebido.

# 2.
# As recompensas da gratidão

*A gratidão revela a plenitude da vida, nos satisfaz com aquilo que temos. Transforma a negação em aceitação, o caos em ordem, a confusão em clareza... A gratidão faz nosso passado ter sentido, enche de paz o presente e cria uma visão para o amanhã.*

MELODIE BEATTIE

Cultivar conscientemente a gratidão é uma jornada que começa quando olhamos à nossa volta e vemos os efeitos positivos que a gratidão cria. Fazemos isto ao observar aqueles que praticam a gratidão e ao desejar nos aproximarmos dessas pessoas. Também experimentamos as recompensas da gratidão quando pensamos em situações do passado e ficamos especialmente agradecidos. Você se lembra da paz e do bem-estar que sentiu nessas ocasiões? Quando conseguimos compreender tudo de bom que a gratidão nos traz descobrimos que ser gratos é parte essencial da expressão de alegria e de plenitude da nossa condição de seres humanos.

# A gratidão é a mãe da alegria

*Alegria é oração; alegria é força; alegria é amor. Alegria é uma rede de amor com a qual você pode conquistar as almas. Dá mais quem dá com alegria.*

MADRE TERESA

Eu não sei o que acontece com você. Mas, em geral, não tem havido muita alegria, muita entrega e solidariedade na minha vida. Não por causa das condições em que vivi, porque elas não foram especialmente difíceis, mas por causa do meu condicionamento mental. Ao crescer, aprendi a planejar e a trabalhar firme. As realizações só foram bem-sucedidas porque me conduziram na direção planejada: ginásio, universidade, um bom emprego, bons relacionamentos. Mas era como se tudo isso fosse natural, e não digno de ser valorizado e celebrado.

Como quase todo mundo, estava tão ocupada procurando subir os degraus do sucesso que não parei para aproveitar a jornada. A cada conquista, me preocupava com o desafio seguinte. Assim foi quando me formei com louvor no colégio, ao me casar, quando meu primeiro livro entrou na lista de mais vendidos – cada vez que atingia um desses objetivos, meus olhos focalizavam imediatamente o próximo "prêmio". Nada parecia suficiente. Era como se eu fosse uma máquina produzindo automaticamente sucessos, sem me deter para aproveitar o caminho que percorria.

Mas acabei ficando doente e cansada de viver dessa forma, e pensei muito nos últimos anos sobre um modo de acrescentar alegria à minha vida. Quanto mais penso sobre isso, mais acredito que *alegria e gratidão são inseparáveis.* Alegria é definida no dicionário como uma "emoção evocada por bem-estar, sucesso, sorte ou pela perspectiva de possuir aquilo que se quer". Quanto à gratidão, é "um estado de apreciar benefícios recebidos". Em outras palavras, sempre que apreciamos algo que recebemos somos invadidos por uma sensação de bem-estar e inundados por um sentimento de alegria.

Então resolvi parar de procurar subir compulsivamente e concentrei minha atenção nas coisas maravilhosas que estavam acontecendo na minha vida a cada dia. Ao fazer isso sem qualquer esforço, a alegria apareceu.

E você? Como diz Sarah Ban Breathnach: "Comece hoje. A qualquer momento do dia, declare em voz bem alta para o universo que você está desistindo de se esforçar e de só cumprir obrigações. Repita muitas vezes que você quer aprender através da alegria." Depois pense em tudo o que aconteceu naquele dia e comemore cada coisa, sem se importar se é grande, pequena ou aparentemente insignificante.

# A gratidão nos torna mais jovens

*A marca invariável da sabedoria é ver*
*o milagre naquilo que é comum.*

RALPH WALDO EMERSON

Crianças pequenas são criaturas exuberantes, cheias de alegria, prontas a abraçar a vida. Tudo é novo e excitante – uma bolha de sabão, um floco de neve, uma poça de lama – todos são presentes. Mas alguma coisa no processo de crescimento tira de nós esse entusiasmo. Vamos nos tornando retraídos, duros, empedernidos. Perdemos nossa alegria, nossa espontaneidade, nossa exuberância apaixonada pela vida. E nos arrastamos em vez de saltar, nos retraímos em vez de explorar as coisas, e repetimos: "Estou muito velho para isso", não importa o que seja "isso".

O retraimento é tão comum que, quando encontramos uma pessoa mais velha vibrante e cheia de alegria, ela nos parece uma estranha exceção. No entanto, amadurecer e envelhecer não significam perder o entusiasmo da juventude. Tudo o que precisamos fazer é retomar nosso sentimento de gratidão para voltarmos a ser crianças, como se estivéssemos vendo o mundo pela primeira vez.

Em *Simple Pleasures of the Garden* (Os simples prazeres do jardim), Dawna Markova nos conta a história de alguém que põe isto em prática: "Há muitos anos, eu estava andando por uma estrada perto do mar em Rhode Island. Uma mulher muito velha e magra veio mancando pelo caminho em minha direção. Acenei e continuei andando, mas ela me pegou pelo braço, virou-se e começou a me puxar para sua casa. Imediatamente pensei na bruxa de *João e Maria* e tentei recuar, mas isso só fez com que ela me apertasse mais o punho. Então resolvi ceder. A mulher não disse uma só palavra até chegarmos à sua casa: um chalé de madeira com janelas verdes e um gramado explodindo de flores vermelhas. Chegando ali, ela me soltou, levantou os braços para cima e exclamou: 'Olhe que esplendor! Não é um milagre?'"

Essa velha mulher estava aberta para a mágica e a beleza da vida. Seus olhos brilhantes e o desejo de compartilhar tornavam essa senhora e todas as coisas à sua volta mais vibrantes e vivas.

## A gratidão nos faz sentir bem

*O brilho do sol na mente fará crescer na face da Terra as flores da paz, da felicidade e da prosperidade. Seja um criador do brilho do sol na sua mente e na dos que o cercam.*

GRAFITE NUM MURO DE BERKELEY, CALIFÓRNIA

Tom nasceu numa família de empresários bem-sucedidos que lhe ensinaram a galgar os degraus do sucesso, e que o criticavam todas as vezes que ele fazia alguma coisa errada. Aprendeu cedo que viver consiste em "trabalhar duro", que vale a "lei do mais forte" e que, para ser bem-sucedido, nunca poderia cometer um erro. Obedientemente, ele conquistou muitos sucessos, mas nunca se sentia feliz. Trabalho, para ele, era sinônimo de cansaço, e passava a maior parte do tempo se culpando pelo que fazia de errado. Seu estado crônico era de desânimo e depressão.

Tom acabou procurando um terapeuta para pedir uma receita de Prozac. Mas, por sugestão do psicólogo, concordou em tentar primeiro outra coisa durante um mês. Antes de começar a trabalhar de manhã, perguntava a si mesmo: "Do que posso me sentir grato?" E, no fim do dia, ao terminar seu trabalho, ele se perguntava: "Quais foram as minhas realizações de hoje que me deram prazer?"

Foi Tom quem me contou com os olhos brilhando: "Sabe o que descobri? A gratidão é um estimulante natural. Funciona tão bem que agora, sempre que sinto minha energia diminuindo, paro e penso nos motivos que me levam a ser grato naquele momento." Concentrando-se no que está fazendo de certo e naquilo que aprecia em si mesmo, Tom superou a depressão e passou a entusiasmar-se com o trabalho.

A gratidão nos faz sentir bem porque aumenta nosso campo de visão. Quando estamos deprimidos ou tensos, corremos o risco de desenvolver a visão de túnel, pois nos concentramos apenas no problema, na dificuldade. Podemos ser tomados por um escuro e pesado sentimento de desespero. Mas quando experimentamos o sentimento da gratidão, nossa mente é presenteada com uma dose de brilho de sol. De repente o mundo parece mais brilhante e cheio de opções prazerosas.

Melhor ainda: ao sentirmos o brilho mental do sol da gratidão, passamos também a transmitir esse brilho. De repente, não apenas o mundo fica mais brilhante, mas nós também. Em breve notaremos que nossa vida está cheia de pessoas que desejam nossa companhia porque transmitimos paz, felicidade e alegria.

# A gratidão faz bem à saúde

*Sentimentos de gratidão liberam endorfinas positivas que inundam nosso corpo, melhorando nossa saúde.*

SHARON HUFFMAN

Aos 58 anos, Josephine recebeu o diagnóstico de um tumor maligno no cérebro e teve uma cirurgia marcada para duas semanas depois. Poucos dias antes da operação, sentou-se num balanço no jardim de sua casa e começou a agradecer por todas as coisas maravilhosas que recebera da vida. Escreveu uma carta de agradecimento para cada pessoa de sua família, falou pessoalmente com os mais próximos e foi para o hospital. Na noite anterior à operação, ela declarou: "Vi de repente o que parecia uma linda mulher de cabelos longos e soltos, sorrindo para mim e irradiando luz. Ela disse que era um anjo que sentira meu amor e que viera para me tranqüilizar. Assegurou que tudo estava bem, e que eu teria muito tempo para realizar meus objetivos na vida. Depois falou: 'Lembre-se sempre de que foram seu amor e sua boa vontade que lhe trouxeram a cura.'" Verificaram que o tumor havia desaparecido, e Josephine foi mandada de volta para casa sem precisar da operação. Hoje ela está com 77 anos.

Nem todas as curas são tão milagrosas quanto a de Josephine, mas pesquisas científicas recentes começam a indicar que emoções positivas como gratidão e amor produzem efeitos benéficos na saúde. Elas estimulam o sistema imunológico, permitindo que o corpo resista às doenças e se recupere mais depressa, pela liberação de endorfinas na corrente sangüínea. Endorfinas são anestésicos naturais do corpo. Entre outros efeitos, estimulam a dilatação das artérias, relaxando o coração.

Em contrapartida, emoções negativas, como preocupação, raiva e desesperança, reduzem o número das células brancas que combatem as doenças e fazem o organismo despejar altos níveis de adrenalina na circulação, contribuindo para o risco de derrame e doenças do coração.

Isso significa que, quanto mais procuramos sentir gratidão, mais endorfinas e menos adrenalina bombeamos em nosso sistema, o que aumenta as possibilidades de uma vida longa e saudável. Quando valorizamos todas as bênçãos que recebemos, literalmente nos banhamos internamente em bons hormônios. E mesmo não garantindo que bons sentimentos sejam capazes de nos curar, como aconteceu com Josephine, certamente nos sentiremos melhor.

# A gratidão elimina a preocupação

*Você não pode ser grato e infeliz ao mesmo tempo.*

UMA MULHER PARA O DR. TOM COSTA

Se a preocupação fosse um trabalho remunerado, eu seria uma mulher rica. De alguma maneira, na minha infância transmitiram-me a impressão de que, se eu me preocupasse com as coisas, poderia evitar desastres futuros. Quando cheguei à maturidade, estava convencida de que, se parasse de me preocupar, algo terrível iria acontecer. Se me preocupasse em não ficar pobre, isso não iria acontecer. Se me preocupasse com a segurança de meu sócio, ele estaria a salvo. Se me preocupasse bastante com a saúde de meu enteado, ele não ficaria doente. Não havia lugar no meu coração para a felicidade, porque a preocupação ocupava todo o espaço. Na verdade, estava convencida de que, se ficasse muito feliz, atrapalharia a situação. Se ficasse muito feliz no amor, por exemplo, não estaria suficientemente atenta para as ameaças que o cercavam.

Aos 40 anos, depois de tentar vários recursos para livrar-me da preocupação excessiva, fiquei surpresa ao constatar como o sentimento de gratidão rapidamente foi capaz de eliminar a praga das preocupações. Nada foi tão eficiente como investir para aceitar o que tenho no momento presente.

Em vez de preocupar-me com falta de dinheiro, concentro-me no pensamento de que, até agora, sempre tive o suficiente para satisfazer minhas necessidades. Preocupada com o que pode acontecer com minha saúde? Tomo consciência da boa saúde que tenho no momento e a usufruo. Preocupada com

– esta é a minha mais cruel preocupação – a possibilidade de uma pessoa querida sofrer um acidente? Procuro substituir a ansiedade pela gratidão por ter tanta gente que amo existindo na minha vida.

A preocupação está sempre relacionada com o futuro, enquanto a gratidão é com o aqui e agora. Reveja sua lista de preocupações, e perceba que elas são quase sempre sobre o que pode ou não acontecer. Você está preocupada com a reação do seu chefe sobre sua palestra amanhã. Está preocupada sem saber ao certo como vai mandar seu filho para a faculdade. Está preocupada com o resultado dos seus exames. Em todos esses casos, você se projeta no futuro imaginando algo ruim acontecendo. Como diz André Dubus: "Não é difícil atravessar um dia se você pode atravessar um momento. O que cria o desespero é a imaginação que insiste em prever milhões de momentos, milhares de dias no futuro, e dessa forma impede você de viver o presente." A gratidão traz você de volta para tudo o que está funcionando perfeitamente bem agora. O amanhã talvez traga problemas, mas no momento as coisas estão muito bem.

A gratidão também elimina a preocupação porque nos faz tomar consciência da diversidade do nosso universo. Sim, alguma coisa ruim pode acontecer, mas, considerando tudo o que você recebeu até agora, o mais provável é que continue a ser apoiado na sua jornada através da vida, até mesmo de maneiras que nunca poderia supor ou escolher por si mesmo.

# A gratidão aproxima as pessoas

*Às vezes fico com pena de mim e na mesma hora*
*Grandes Ventos me carregam para o céu.*

DITO OJIBWAY

Tenho uma amiga que parece só conseguir ver as coisas negativas. Queixa-se constantemente do trabalho, dos colegas e dos relacionamentos amorosos. Ela se desvaloriza muito, também. Não adianta nada lhe mostrar todas as coisas boas que vejo em sua vida. Isso só faz com que ela comece uma outra rodada de "pobre de mim". Depois de passar uma tarde em sua companhia, eu me sinto desgastada, deprimida e francamente aborrecida. Percebo que tento evitar a companhia dela.

Minha amiga Abby é o extremo oposto. Abby também teve uma vida difícil. Nasceu numa família de poucas posses, criou um filho sozinha e tomou conta de parentes idosos e doentes. Mas parece satisfeita e bem-humorada, e eu gosto de ficar perto dela, porque a vida fica mais fácil e alegre.

Recentemente, elogiei-a dizendo como ela é bem-sucedida em sua profissão, e como parece querida por seu chefe e seus colegas. Abby respondeu: "É mesmo, eu adoro meu trabalho e tenho sorte de ter conseguido esse lugar. Todas as manhãs, quando pego meu carro e vou para a empresa, agradeço a Deus. Agradeço pelo trabalho, pelo carro que pude comprar, pelas pessoas simpáticas com quem convivo e pelo meu chefe que trata todo mundo tão bem. Sou completamente grata pelo que tenho e durante o trajeto faço questão de agradecer tudo o que recebi. Isso me dá segurança e faz meu dia começar de maneira positiva."

Estou convencida de que é o sentimento de gratidão de Abby que faz com que ela tenha uma atitude tão favorável e seja cercada de tantos amigos. Porque, quando somos gratos, exalamos felicidade e isso atrai as pessoas e as mantém perto de nós. Elas querem ficar próximas daquela energia exuberante.

Quando dizemos que um copo está cheio até a metade, em vez de vê-lo vazio até a metade, prestamos atenção no que está dentro dele, em vez de nos fixarmos no que falta. Quando saímos de dentro de nós e de nossos problemas para olhar com encantamento as pessoas que nos cercam, expressando gratidão pela presença delas em nossas vidas, criamos um campo de energia positiva que gera felicidade para todos.

# A gratidão é um antídoto para a amargura e o ressentimento

*Quanto maior for a luz dentro de você,*
*mais brilhante ficará o mundo à sua volta.*
SHAKTI GAWAIN

Há 20 anos, Cynthia, uma mulher talentosa de 20 e poucos anos, divorciou-se em terríveis condições. Duas décadas mais tarde, amarga e ressentida, ela ainda continua obcecada por seu ex-marido, falando mal dele com os filhos e os amigos, convencida de que ele arruinou sua vida. De certo modo, claro, ele a prejudicou muito. Mas, como ela continua fixada nessa questão, nunca conseguiu curar-se e andar para a frente. Magoada e cheia de raiva, não foi capaz de atrair um novo amor, e seus filhos, agora adultos, fogem dela como de uma praga.

É bem provável que você já tenha encontrado pessoas tão amargas com a vida que parecem buracos negros sugando toda a energia que existe em volta. Quer as chamemos de pessimistas, ingratas ou aquelas que vêem o copo sempre vazio, são um fardo pesado para quem é obrigado a conviver com elas. Ficam tão concentradas naquilo que não deu certo que não conseguem enxergar os dons e as bênçãos que certamente receberam no correr da vida.

A maioria de nós não chega a ser um buraco negro, mas, quando não conseguimos agradecer o que nos acontece, podemos cair na amargura, o que impede nosso desenvolvimento emocional e espiritual. Se não conseguimos crescer, a luz dentro de nós perde o brilho.

A amargura é um veneno que deixa nossas almas opacas, tornando-nos resistentes aos prazeres e às alegrias da vida, fazendo com que nos concentremos apenas no que está errado. Quando o homem com quem vivi durante 14 anos me deixou, disse que estava indo embora porque não queria conviver com minha excessiva amargura. Apesar de haver outras razões para o que aconteceu, inclusive muitas pelas quais ele era responsável, depois que passou a dor da perda, agradeci o alerta que me deu. De fato, eu estava me tornando uma mulher ressentida, e isso era a última coisa que eu desejava ser.

Estou decidida a não me permitir mergulhar de novo na amargura. É claro que existem coisas justificadamente aborrecidas, irritantes ou dolorosas, mas isso não significa que eu deva ignorar tudo o que é belo, bom e emocionante. Quero que minha alma brilhe com uma aura de amor, e praticar a gratidão é uma das melhores maneiras de conseguir isso.

A gratidão é a luz interna que podemos usar para iluminar nossas almas. Quanto mais gratos somos, mais luz possuímos, e mais somos capazes de espalhá-la pelo mundo.

# A gratidão cura o perfeccionismo

*Um detalhe a ser levado em conta: quando completou o Universo, o Grande Criador declarou-o "muito bom". E não "perfeito".*

SARAH BAN BREATHNACH

Quando eu era mais moça, queria ser uma santa. Santa mesmo, venerada e canonizada. Achava que era indispensável fazer tudo de forma perfeita, pois só assim mereceria toda a adoração que desejava. Embora a santidade fosse minha meta, eu escorregava com muita facilidade. Mentia quando tinha medo de ser castigada, perseguia meu irmão menor por causa do ciúme que tinha dele. Quando me dava conta dos meus "pecados", mergulhava no desespero, convencida de que era um completo fracasso.

Ah, o perfeccionismo! As pessoas mordidas por esse maldito inseto podem olhar espantadas (Quer dizer que você não se importa de errar?) ou com desprezo (Que tipo de pessoa preguiçosa e incompetente você é?) para os que não sofrem com isso. Mas a verdade, claro, é que o perfeccionismo é fruto de nossa própria carência. Simplesmente não conseguimos aceitar que a condição humana inclui necessariamente erros e falhas, e que a vida costuma ser desorganizada e imperfeita, apesar de nossos melhores esforços.

Eu acreditei piamente nisso. Não sei bem como, mas, quando era criança, assimilei a mensagem de que, se fizesse tudo perfeito, a vida seria ótima. Depois de décadas me comportando como candidata a santa, finalmente cansei de tentar. Atualmente, em vez de procurar fazer tudo e todos se encaixarem nos meus planos (tarefa impossível até para um santo), uso a energia que gastava tentando ser santa para me tornar uma pessoa mais grata.

Como o perfeccionismo nasceu de um sentimento de carência, uma atitude de gratidão se contrapõe a ele favorecendo uma experiência de abundância. A gratidão faz com que nosso mundo pareça completo. Quando experimentamos a plenitude da gratidão, aceitamos a vida como ela realmente é – por mais desorganizada, complicada e fora dos eixos que possa parecer.

A gratidão nos ajuda a aceitar não apenas que o mundo é imperfeito, mas que nós também somos – e isso é ótimo. Pois, quando despejamos sobre nossas vidas o óleo da aceitação de todas as nossas imperfeições, somos ungidos por ele. De repente, tomados de alegria num mundo louco e sem lógica, nos reconhecemos como parte dele e assumimos com alegria o lugar a que temos direito como filhos do universo – onde todas as nossas imperfeições são perfeitamente aceitáveis.

# A gratidão nos liberta do consumismo

*Se existir alguma paz, ela virá*
*do ser e não do ter.*
HENRY MILLER

Há alguns anos, percebi que não conseguia passar um fim de semana sem fazer compras. Sentia um desejo incontrolável de consumir. Queria comprar, ir para as lojas, consumir – qualquer coisa servia. Na verdade, não precisava de nada, mas queria comprar *alguma coisa.*

Não creio que eu seja a única. Dívidas de consumidores estão no nível mais alto na história dos Estados Unidos, assim como as falências pessoais. Estamos cavando buracos financeiros tão grandes que dificilmente poderemos sair deles.

Eu não gostava da sensação de ser escrava das compras. Então decidi comprar menos e dar mais valor àquilo que já tinha. Em vez de uma blusa nova, usava uma antiga que me agradava especialmente. Mas, em vez de vesti-la sem prestar atenção, procurava me concentrar no que mais gostava nela: o bordado delicado, a sensação gostosa do cetim, o tom vibrante do vermelho. Foi assim que descobri um dos maiores presentes da gratidão – ela nos tira da rotina de consumismo em que caímos. Veja como.

Um conselho que se dá a quem está fazendo dieta é comer alguma coisa e esperar 20 minutos antes de comer outra. O motivo é que nosso corpo precisa desse tempo para registrar que está satisfeito. Se você começar a comer sem intervalo, não sentirá que está saciado e continuará comendo mais.

Agradecer por aquilo que recebemos da vida é como a

pausa na alimentação: faz nos sentirmos satisfeitos e nos leva a registrar nos níveis emocional e espiritual que, na verdade, recebemos "o suficiente". Se não praticarmos a gratidão no cotidiano, teremos a tendência de consumir demais, porque, em geral, tentamos preencher nossa carência comprando coisas. Deixamos de registrar que já temos tudo aquilo de que precisamos.

Levei muitos anos falando sobre essa questão com as pessoas, mas a única maneira de conseguir resultado foi experimentando. Durante duas semanas não comprei nada novo, exceto comida. Além de tomar consciência e de agradecer pelo amor que o cerca e por sua boa saúde, pense e agradeça também por seus bens materiais: o apartamento charmoso, os objetos de que você mais gosta, seus livros favoritos. Dê uma volta pela casa prestando realmente atenção e agradecendo por tudo o que lhe traz alegria. E constate o efeito que isso tem sobre o seu desejo de consumir.

# A gratidão nos mantém no agora

*O que nunca acontecerá de novo*
*é o que torna a vida tão encantadora.*
EMILY DICKINSON

Ontem à noite fiquei olhando minha filha Ana, uma criança chinesa recentemente adotada por nós, tomando sua mamadeira, num transe enlevado. Seus olhos fechados, sua boca carnuda franzida, seus longos dedos enroscados em volta da mamadeira de plástico, ela se entregava inteiramente ao momento. Não estava obcecada com feridas do passado, apesar de ter o direito de fazê-lo. Abandonada durante mais de um ano antes de a adotarmos, tinha nas nádegas queimaduras de segundo grau por ficar deitada sobre urina. Também não estava preocupada pensando de onde viriam suas próximas mamadeiras, apesar da dolorosa experiência que vivera. Deixada na noite de Natal numa rua fria, ficou sozinha por muito tempo até que alguém ouvisse seu choro de bebê. Quando chegou para nós, parecia estar morrendo de fome.

No momento em que eu a contemplava, ela estava concentrada na sensação gostosa do leite quente descendo por sua garganta, inteiramente afastada de qualquer lembrança traumática ou preocupação futura. Compreendi então que essa total e completa absorção no momento presente é oferecida a todos nós quando, deliberadamente, escolhemos nos deixar invadir pela gratidão.

Para muitos, essa entrega total a alguma coisa ou a alguém é extremamente difícil. Quando eu era criança, achava que não podia mergulhar inteiramente em nenhuma experiência, porque alguma coisa errada poderia acontecer se minha atenção se dispersasse. Meus pais costumavam dizer que nunca me viam dormindo; era como se eu ficasse sempre com um olho aberto, esperando algum desastre.

Mas se Ana, que sofrera tanto na sua vida tão curta, pode se entregar à alegria de saborear tão intensamente a mamadeira, será que eu não posso me permitir apreciar agora as lindas flores sobre a minha mesa, e a maravilha de ser capaz de ler e de escrever?

Quando deixo minha alma se abrir para a plenitude da gratidão, o passado e o futuro se apagam, e me torno mais viva no momento presente. Por isso a gratidão é, na maioria das vezes, sobre o aqui e o agora. Apesar de sermos gratos por bênçãos passadas e esperarmos outras no futuro, quando nos sentimos gratos, geralmente estamos conectados a alguma coisa do presente. Somos levados a pensar em nós mesmos. Nossa atenção se transfere das lembranças do passado e das expectativas do futuro e se concentra no momento presente, essa experiência que nunca voltará a acontecer de novo.

# A gratidão abre nossos corações

*Os seres mais criativos que conheço são os artistas invisíveis que se expressam na própria vida. Aqueles que expressam o inexprimível – sem pincel, cinzel, barro ou guitarra. Eles não pintam nem fazem esculturas – seu material é seu próprio Ser. Tudo o que a presença deles toca fica mais cheio de vida. Eles vêem e não precisam desenhar. São os artistas do viver.*

J. STONE

Passei muitas vezes o Natal com uma família que adora dar presentes. Todo ano o chão em volta da árvore ficava repleto de centenas de embrulhos que eram abertos durante toda a manhã. Mas, apesar de tudo o que era dado e recebido, eu saía de lá me sentindo vazia e só. Havia uma abundância de presentes, mas nenhuma presença. Essa família dava todos aqueles presentes porque não conseguia ligar-se entre si nem com os outros. Rasgavam aqueles montes de embrulhos, dizendo "muito obrigado" de maneira formal, mas nenhum prazer verdadeiro era expressado na troca.

A sensação era tão forte – o contraste entre a abundância material e a pobreza emocional – que me fez refletir. Foi quando compreendi que é impossível sentir gratidão com um coração fechado. É realmente impossível. A gratidão só é sentida nos momentos em que abrimos nossos corações para a vida – para a beleza do momento, para a possibilidade de surpresa que vem do próximo instante.

Alguém lhe faz uma gentileza, mesmo que seja pequena, como, por exemplo, abrir uma porta. Quando você diz "muito obrigado" e realmente *quer* expressar sua gratidão pela delicadeza do gesto, em vez de fazê-lo por mera convenção social, seu coração imediatamente se abre para o outro. Naquele momento vocês estabelecem uma ligação, mesmo que nunca mais se vejam.

Para abrir o coração é preciso ter coragem. É preciso confiar o bastante na bondade dos outros e no universo em geral para esquecer nosso sentido de autoproteção – aquele sentimento que diz "não vou ser grato pelo que estou recebendo agora porque tenho medo de me abrir e depois me magoar". Precisamos correr o risco, tomar um impulso de coragem e nos abrir para receber o presente.

Muitos dos "obrigados" na nossa cultura são vazios e nada significam. Temos medo de sentir o amor que é demonstrado todas as vezes que expressamos um verdadeiro agradecimento. Como adultos, nosso coração foi magoado e se partiu muitas vezes, e queremos ter certeza de que isso não vai acontecer mais.

A escolha é nossa, a cada momento. Podemos escolher uma aparente segurança e viver fechados dentro da concha de nossa individualidade, sem querer experimentar profundas e verdadeiras ligações. Ou então escolhemos abrir nossos corações feridos para a beleza e a dor que existem em todas as experiências.

Quando é que você sente que abriu o coração? Quais são as condições que estimulam sua vontade de abrir o coração? Ao praticar a verdadeira gratidão, aprendemos a correr riscos agora e sempre para conquistar um enorme ganho.

# A gratidão gera bondade e generosidade

*Cada dia de trabalho em nossas vidas é repleto de oportunidades de ajudar os outros. O poder de um único olhar ou de um sorriso encorajador nunca deve ser subestimado.*

G. RICHARD RIEGER

Deborah Chamberin-Taylor foi estudar budismo na Tailândia, em um mosteiro onde todos os ensinamentos, a moradia e a alimentação eram gratuitos. Pouco antes de sua partida, uma família tailandesa veio preparar uma refeição para as 250 pessoas que lá se encontravam, como uma maneira de expressar sua gratidão pelos ensinamentos de Buda.

Pouco tempo depois, Deborah estava ajudando a planejar um retiro de fim de semana no norte da Califórnia. O grupo de planejamento discutia como alimentar todos os participantes, porque o custo das refeições não constava do orçamento. "Naquele momento fui invadida por um intenso sentimento de alegria ao pensar na possibilidade de dar esse tipo de presente. Contei para o grupo minha experiência na Tailândia e fiquei agradavelmente surpresa quando todos concordaram em colaborar." Também queriam se tornar parte do ciclo da generosidade.

Como mostra essa história de Deborah, a gratidão gera generosidade, que por sua vez gera gratidão, que gera generosidade. A gratidão cria uma sensação de plenitude que nos leva a doar pelo prazer que sentimos ao experimentar a bondade e a generosidade verdadeiras.

É um belo ciclo. Quanto mais gratos somos, mais forte é

nosso impulso de dar. E quanto mais damos, mais recebemos – amor, amizade, realização e, algumas vezes, até riqueza material. Como observa o escritor Lewis Smedes: "Quando sinto o prazer de receber um presente, meu coração me direciona para o balé da criação, para a dança leve de dar e receber, e receber e dar novamente."

Não precisa ser um presente extravagante ou caro. Quando há gratidão em nosso coração, descobrimos infinitas oportunidades de doação – elogiar o trabalho feito por um operário, dizer uma palavra amiga para nosso filho, visitar uma pessoa mais velha. Você saberá o que fazer.

# A gratidão nos conecta com tudo na vida

*Sinto essa comunhão, essa estranha sintonia,*
*mais facilmente com grandes pinheiros brancos,*
*um pouco menos com macieiras, faias e carvalhos.*
*Certamente os pinheiros brancos e eu estamos*
*na mesma faixa de onda. O que devolvo*
*às árvores, não posso imaginar. Espero que*
*recebam alguma coisa, porque as árvores*
*estão entre as minhas melhores amigas.*

ANNE LABASTILLE

Em *The Continuum Concept* (Uma idéia contínua), Jean Liedloff fala de uma experiência profunda que teve aos oito anos, semelhante à conexão que Anne Labastille descreve. "Aconteceu durante uma caminhada nas florestas do Maine, onde estava acampando no verão. Eu era a última da fila e, como fiquei um pouco para trás, comecei a andar depressa para alcançar o grupo. Vi então através das árvores uma clareira. No fundo dela havia um viçoso pinheiro e no centro, um outeiro coberto por um musgo verde cintilante, quase luminoso. Os raios do sol da tarde brilhavam por entre o verde azulado da floresta de pinheiros. O pequeno teto visível de céu era inteiramente azul. O quadro todo era tão perfeito, tinha uma tal qualidade, um poder tão denso, que me fez parar no caminho... Tudo estava no seu lugar – a árvore, a terra sob meus pés, a pedra, o musgo. No inverno, sob a neve, tudo estaria perfeito em sua brancura. A primavera viria de novo e o milagre dentro do milagre apareceria, cada um no seu ritmo especial. Algumas coisas teriam morrido, outras estariam brotando para sua primeira primavera, mas tudo seria igualmente perfeito e correto.

"Naquela noite, deitada na cama, trouxe a visão do outeiro de volta à minha mente. Fui invadida por um sentimento de gratidão e renovei meu desejo de preservar aquele momento mágico."

"Em cada folha um milagre...", escreve Walt Whitman em seu tributo poético aos lilases, e ele está falando que, quando estamos em contato com um sentimento de profunda gratidão, nos conectamos com *tudo* na vida, reconhecendo o milagre que existe na mais alta das árvores, no menor dos insetos.

Esse sentimento de conexão é pura alegria; ele nos faz atribuir às nossas preocupações uma importância menor, e nos inspira a fazer o possível para conservar e proteger todas as maravilhas naturais da terra e do mar, não apenas aquelas que nos convêm. A gratidão gera portanto um respeito maior pelo meio ambiente, uma sensibilidade nascida de uma ligação explicitada entre nós e todos os seres existentes. Reconhecemos que não podemos viver fora da grande rede da vida que amorosamente nos envolve no seu abraço acolhedor, e nos comprometemos a proteger o que existe de sagrado nessa rede.

# A gratidão nos torna espiritualizados

*Se a única oração que você disser em toda a sua vida for "muito obrigado", ela será suficiente.*

MESTRE ECKHART

Marjory era uma artista que fazia "as jóias das estrelas", modelos exclusivos de anéis para pessoas famosas como Tina Turner. Seu negócio prosperava cada vez mais. Mas, quando os preços do ouro dispararam, seu trabalho entrou em crise e ela passou a viver reclusa numa pequena cabana. Mas nunca se deixou abater.

Durante um vôo, numa das viagens à procura de trabalho, Marjory sentou ao lado de Paul, um simpático e agradável jovem batista da Carolina do Sul que estava indo para a China. É fácil imaginar o começo da conversa dos dois, já que as inclinações religiosas de Marjory são do gênero esotérico, e ela é uma dessas pessoas que, ao encontrar alguém, pergunta imediatamente sobre o mapa astrológico! Em todo caso, os dois estavam conversando quando Marjory reparou no maravilhoso pôr-do-sol espalhando uma luz dourada e fúcsia que transformava o Oceano Pacífico numa piscina dourada. "Meu Deus! Olha que beleza!", exclamou com os olhos cheios de lágrimas.

Paul virou-se para ela com um ar sério e perguntou: "Quem é seu Deus?"

Tomada de surpresa, Marjory respondeu que seu Deus era apenas Deus, e que ela não se preocupava muito em saber de onde ele vinha. O rapaz insistiu, perguntando se o Deus dela era o Pai do Salvador, Jesus Cristo. Quando Marjory recuou, com os olhos arregalados, começou a acontecer um pequeno milagre.

Paul recitou o Salmo 23, um magnífico e poético trecho bíblico sobre a beleza desta casa que o Senhor fez para nós. Marjory e todos em volta sentiram uma grande paz, e ficaram contemplando o pôr-do-sol, experimentando, talvez pela primeira vez, um intenso sentimento de gratidão pelo esplendor de beleza do mundo em que vivemos.

Podemos pensar em Deus de vários modos – como um Pai que nos ama, uma Mãe que nos alimenta, o Criador de tudo o que existe, o Poder Supremo, o Espírito de Bondade e Compaixão. Mas a maneira mais rápida de conectar-se a Ele/Ela é expressando nossa gratidão. Porque a gratidão é a resposta que damos para quem nos oferece um presente, e quando agradecemos coisas que recebemos dos outros estamos, de fato, agradecendo ao Poder Maior por tudo o que nos deu: a comida, o abrigo, a beleza de um dia de sol, a própria vida. Quando expressamos nossa gratidão, nossos espíritos se unem ao Grande Espírito na dança da vida que é a troca entre quem dá e quem recebe.

Gosto muito da sensibilidade dessa troca que é inerente à espiritualidade dos índios americanos. Quando um deles está na iminência de tirar a vida de alguma coisa – um veado ou uma árvore –, ele pede humildemente licença ao Espírito que mora naquele animal ou planta, ou agradece por lhe oferecer a própria vida. Algumas vezes, uma oferenda, como milho ou tabaco, é dada como compensação. Esse ato é o reconhecimento de que alguma coisa foi dada e recebida de ambos os lados.

# A gratidão nos abre para momentos de graça

*Ninguém pode conceber ou imaginar*
*todas as maravilhas que são invisíveis*
*e despercebidas no mundo.*
FRANCIS P. CHURCH

Morihei Ueshiba, pai de Aikido, uma vez descreveu uma experiência que teve ao andar sozinho em seu jardim. "De repente senti que um espírito dourado saía de dentro da terra... minha mente e meu corpo se transformaram em luz. Era capaz de entender o canto dos pássaros, e me sentia perfeitamente consciente do espírito de Deus... o espírito de proteção amorosa de todos os seres. Lágrimas de alegria não paravam de escorrer pelo meu rosto. Desde então, comecei a perceber que a Terra inteira é minha casa."

Você já experimentou a sensação de sair do espaço e do tempo comum e penetrar no fluxo do universo, no qual não existe nenhuma separação entre você e o que existe, no qual tudo parece perfeito exatamente como está? Algumas pessoas atingem tais momentos de transcendência através da meditação; outras, andando na natureza; outras, ainda, ao fazer amor. Quando eu era criança, muitas vezes tinha essa sensação no começo da primavera, quando mergulhava num riacho gelado perto da minha casa.

Momentos como esses são presentes raros. Neles nos abrimos para um estado de expansão extática da Grande Mente, o lugar em que tudo está em harmonia conosco e com o mundo. Esses momentos de graça são de tal forma raros e extraordinários que muitos passam a vida inteira em busca deles. E o desejo de sentir essa expansão é de tal forma intenso que muitas vezes provoca o desejo de usar drogas que alteram a mente.

Estou convencida de que não preciso meditar anos a fio no alto de uma montanha ou tomar LSD para experimentar essa transcendência. Basta me entregar ao sentimento de gratidão para me abrir para a graça. Na verdade, tenho certeza de que o que a meditação e as drogas fazem é quebrar as barreiras e nos tornar capazes de sentir a gratidão em sua plenitude.

Não podemos forçar ou exigir essas mágicas experiências místicas. Mas podemos nos oferecer como participantes ardorosos, levando em conta os benefícios que já estamos recebendo. Através da gratidão, nossas almas, como diz Emily Dickinson, "sempre ficam entreabertas, prontas para acolher a experiência do êxtase".

# 3.
# As atitudes de gratidão

*O agente mais poderoso para o crescimento*
*e a transformação é algo muito mais básico*
*do que qualquer técnica: é a mudança no coração.*
John Welwood

O próximo passo da jornada é olhar para as atitudes de gratidão – as crenças que favorecem o sentimento de gratidão. Atitudes são os alicerces da ação. Como afirma John Welwood, só seremos capazes de mudar o exterior quando transformarmos o modo como nos vemos e como vemos a realidade. É bom saber que realmente podemos escolher a forma de ver o copo – meio cheio, em vez de meio vazio – e que essa decisão terá efeitos profundamente positivos não apenas na nossa felicidade e na dos que estão em torno de nós, mas também na maneira como nossa vida transcorrerá.

# A vida é um milagre

*O mestre Zen Ling Chi disse que milagre*
*não é andar em cima de carvão em brasa,*
*no ar gelado ou na água; milagre é*
*apenas andar na terra. Você inspira*
*profundamente. Toma consciência de que*
*está vivo. Ainda está vivo e andando*
*sobre este maravilhoso planeta...*
*O maior milagre de todos é estar vivo.*
*THICH NHAT HANH*

Thich Nhat Hanh é um monge budista vietnamita que agora vive no exílio na França. No Vietnam, passou por toda sorte de dificuldades: pessoas de sua família e amigos foram mortos por militares franceses, americanos e vietnamitas, e um orfanato que começara a construir foi bombardeado. No entanto, Thich Nhat Hanh é um exemplo vivo de alegria e gratidão. Quando quiseram saber como havia sobrevivido a tantos problemas conservando a paz e o amor no coração, ele respondeu que todas as manhãs costumava se perguntar com o que poderia contar naquele dia. Às vezes era apenas o céu azul e a terra marrom, e o fato de ainda estar inspirando e expirando. Mas, ao contar suas bênçãos, ele se conectava com o milagre de pelo menos estar ainda vivo naquele momento, naquele mundo tão belo. "Sofrer não é tudo. A vida é ao mesmo tempo horrível e maravilhosa", ele nos lembra. "Como posso sorrir quando estou sentindo tanta tristeza? É natural – você precisa sorrir para a sua tristeza, porque é maior do que ela."

Os mestres budistas e sufistas passam muito tempo falando sobre "despertar". Com isso querem dizer, na minha opinião, que a melhor maneira de viver de modo mais pleno é tomar consciência de estar vivendo a cada momento. Tomar consciência da inspiração e da expiração, da comida sendo mastigada e engolida, do contato dos pés com o chão quando andamos. Concentrar a atenção em nosso filho pequeno, no efeito de nossas palavras destinadas a ajudar um colega de trabalho, no calor do sol sobre a nossa pele.

Os mestres espirituais ensinam que despertar é um processo que não acontece de uma vez por todas, mas que deve acontecer sempre que nos dermos conta de que nos esquecemos do milagre que é estarmos vivos. Ao reconhecer nosso esquecimento, despertamos mais uma vez para esse milagre. Nos momentos em que estamos despertos para a maravilha que é simplesmente estarmos vivos, a gratidão flui, não importa de que maneira.

Quando os tempos ficaram difíceis para mim, adotei uma prática semelhante à de Thich Nhat Hanh. Antes de levantar de manhã, perguntava a mim mesma com o que poderia contar naquele dia, tanto no plano externo – a casa onde moro, a comida que me alimenta – quanto no interno – o amor que sinto por meus amigos e a confiança profunda que tenho neles.

Esse método é um maravilhoso antídoto para a preocupação, e abre seu coração para a gratidão, desde que você realmente concentre sua atenção naquilo com que pode contar naquele dia. Quando eu me pegava me preocupando com algum problema futuro, parava e voltava a me perguntar: "Com o que posso contar hoje?" Quando aprendemos a valorizar o milagre de estarmos vivos, encontramos a paz e a força para enfrentar os desafios da vida à medida que aparecem.

# O universo é amistoso

*Perguntaram a Einstein qual a pergunta*
*que ele achava mais necessária e*
*importante para um ser humano responder.*
*Sua resposta foi: "O universo é ou*
*não é um lugar amistoso?"*
JOAN BORYSENKO

Como já disse, durante grande parte da minha vida pertenci à escola do "Preste atenção – a qualquer momento pode acontecer uma catástrofe, portanto, não seja complacente demais". Por isso não é surpresa que tenha sofrido espasmos musculares crônicos nas costas e no pescoço a vida inteira – todo o meu corpo ficava tenso por causa das preocupações. Aos 40 anos, essa situação se tornara insuportável. Eu não agüentava mais ficar na expectativa de que acontecesse uma catástrofe, cansada de estar sempre assustada, em vez de ser otimista. Então resolvi viver como se o universo fosse amistoso.

Meditei durante mais de um ano sobre a pergunta que fizeram a Einstein, e agora estou convencida de que a resposta é a chave para que a vida seja ou não repleta de felicidade, para expressarmos ou não uma atitude de gratidão. Se acreditarmos que o universo é amistoso, a vida nos será favorável e coisas boas irão nos acontecer. Quando acontecerem as coisas ruins, nós as veremos como obstáculos que nos ensinarão a ser mais prudentes, mais íntegros, mais amorosos. Com essa visão do universo, a gratidão flui de nós naturalmente, como uma resposta instintiva ao prêmio que recebemos – um universo amistoso.

Se, ao contrário, acharmos que o universo é hostil, veremos

a vida como uma luta sem fim contra circunstâncias difíceis, acreditaremos que elas são fatalidades ou foram enviadas de propósito para nos torturar, que não existe nada com que possamos contar e que devemos nos preparar para a próxima crise. Com esse tipo de visão, só conseguimos ser gratos quando as coisas vão bem, mas ficamos na expectativa de crises e problemas.

De vez em quando, tenho dificuldade em acreditar que o universo seja amistoso, especialmente quando as coisas estão difíceis no aspecto financeiro. Quando esqueço, leio um trecho de um ensinamento inuíte que copiei em um caderno: "A habitante ou alma do universo nunca é vista; só a sua voz é ouvida. Tudo o que sabemos é que ela tem uma voz suave, como a de uma mulher muito delicada... que nem uma criança pode temer. E o que ela diz é: 'Não tenha medo do universo'." Esse texto me ajuda a lembrar que se coloco minha confiança na bondade do universo, as coisas tendem a se resolver. E se isso não acontecer, pelo menos usufruirei a paz que essas palavras me trazem, e tudo ficará melhor.

# Deixe a gratidão fluir naturalmente

*O nosso destino nunca é um lugar, mas sim uma nova maneira de ver as coisas.*

HENRY MILLER

Nada destrói mais um sentimento de gratidão do que ouvir alguém dizer que "devemos" sentir gratidão. Alguns "devem" são necessários, como por exemplo as boas maneiras que ensinamos a uma criança (as crianças aprendem com exemplos e com as instruções que acrescentamos aos exemplos). Mas a culpa, imposta pelos outros ou por nós mesmos, quando achamos que *devemos* sentir gratidão – em vez de deixá-la ser uma expressão vital de reconhecimento – é mortal.

Provavelmente todos nós ouvimos de alguém, em algum momento da vida, que deveríamos ser gratos por alguma coisa. Talvez nos tenham dito isso tantas vezes, que acabamos dizendo para nós mesmos. De qualquer modo, essa é a maneira menos indicada de estimular uma atitude de gratidão. Acho que a gratidão é gerada de duas formas: por um transbordamento espontâneo do coração diante da beleza da vida em todos os seus aspectos e por uma decisão consciente de olhar tudo o que há de bom e positivo em nossas vidas, em vez de focalizar o que está faltando. Mas certamente não é através do sentimento de culpa que chegaremos à gratidão!

Digo isso porque não quero que depois de ler este livro você comece a pensar que "deveria" ser grato. Quero ajudar todos os que me lêem a abrir os corações e sentir gratidão da melhor maneira que puderem. Nunca movidos pela culpa e por um senso de obrigação. Sei, por experiência própria, que existem dias em que é impossível sentir gratidão *por qualquer coisa*, por mais que nos esforcemos. Quando isso acontecer, procure ser compreensivo e tolerante com você mesmo. Quanto mais se aceitar como é, mais espaço irá criar para a possibilidade de a gratidão entrar silenciosa e mansamente em seu coração.

# Iluminando seu próprio terreno

*Fora ou dentro de si, você nunca terá que mudar aquilo que vê, mas apenas o modo de ver.*

THADDEUS GOLAS

Fui visitar meu pai no hospital uma semana antes de sua morte. Ele sofria de enfisema havia muitos anos, estava preso a um balão de oxigênio, mal podendo se mexer e definhando a olhos vistos. Cada respiração era uma imensa luta. Perguntei-lhe se sua qualidade de vida valia todo aquele esforço. "Ainda gosto de estar vivo", ele respondeu. "Algumas vezes fica mais fácil respirar e aí eu realmente usufruo calmamente o ar que entra. Ainda gosto de ler histórias em quadrinhos nos jornais, e de assistir a programas de esporte na TV. Minha vida é boa." Não disse uma só palavra sobre tudo o que perdera nem sobre as coisas que não podia mais fazer.

Quando estava começando a fazer a divulgação de *A Grateful Heart*, perguntei à minha amiga Dawna Markova como deveria falar a respeito do poder da gratidão. Ela é ótima em metáforas, que são maneiras maravilhosas de mostrar as coisas numa nova perspectiva. Guardo preciosamente o que ela disse: "A gratidão é como uma lanterna. Se você sair de noite no seu jardim e acender uma lanterna, poderá ver o que existe ali. Tudo estava ao seu redor, mas você não conseguia enxergar no escuro."

Exatamente! A gratidão ilumina o que já existe. Pode ser que nada de novo esteja acontecendo, mas de repente você é capaz de ver o que existe. E porque consegue enxergar, passa a dar valor ao que tem. Você está olhando o jardim por onde passou tantas vezes, mas, naquele momento, percebe:

"Oh! Como a roseira está cheia de pequenos botões!" Abaixa-se e aspira o perfume de uma rosa que já desabrochou. Tira os sapatos e sente o frescor da grama na planta dos pés. É apenas seu velho jardim, igual ao que sempre foi, mas de repente você se sente repleto de felicidade, de gratidão e de alegria.

Foi o que meu pai fez. Colocando a luz da gratidão em sua vida, enxergava o que era bom.

A grande vantagem da lanterna da gratidão é que você pode usá-la de dia e de noite, em qualquer lugar ou circunstância. Ela funciona para todos – velhos, moços, magros ou gordos, ricos ou pobres, doentes ou saudáveis. Basta decidir acendê-la.

# Tudo é gratuito

*O que une todas as pessoas e toda a criação*
*é a gratuidade do dom da vida.*
MATTHEW FOX

"Meu único filho morreu há cinco anos e tinha quatro anos e meio", escreveu uma colaboradora do *Slowing Down in a Speeded Up World* (Desacelerando num mundo acelerado). "Um dos dons que a morte dele me trouxe foi uma desculpa para parar com a correria. Durante o primeiro ano, deixei que o luto me invadisse e fiquei aberta para o poder de cura que nos rodeia neste mundo incrível. Permiti a mim mesma parar e ser abraçada e confortada por meus amigos. Levei muito tempo relembrando com carinho quatro anos e meio de memórias.

Hoje em dia, muitas vezes paro o que estou fazendo quando surge um arco-íris sobre a baía, do outro lado da janela de meu escritório, ou quando o riso de uma criança no McDonald's faz meus olhos se encherem de lágrimas.

Consigo perceber como tive sorte, não por ter perdido meu filho, mas por tê-lo tido comigo durante aqueles quatro anos e meio. Sorte por ter conhecido a importância de certos momentos que impregnam nossa alma e que podem nunca mais voltar a acontecer."

Gratidão, como diz o Irmão David Steindl-Rast, "é a resposta plena do coração humano à gratuidade de tudo o que existe". Ele e Matthew Fox nos lembram que absolutamente tudo o que possuímos nos foi dado não necessariamente porque merecêssemos, mas gratuitamente, por alguma razão desconhecida; e isso se aplica a todos os seres vivos. Estamos conectados uns aos outros – ao céu, às águas, às árvores e aos répteis – pelo fato de fazermos parte da roda da vida. Seja lá qual tenha sido a fonte doadora de tudo isso – alguma concepção de Deus ou o acaso do Big Bang –, o perfume das rosas, o azul do céu, a nossa existência ou a pele de uma cobra são presentes incríveis. Nenhum de nós – abelha, flor ou pessoa – fez coisa alguma para merecer esse presente, nem se pede qualquer retribuição por tudo isso.

Quando de repente – contemplando um campo de narcisos, movendo-nos deliciosamente na água morna ou ouvindo a linda e sofrida voz de Billie Holiday – somos tocados pela evidência desse presente incrivelmente gratuito, a gratidão flui sem nenhum esforço de dentro de nós.

Em momentos transcendentes como esses, ocupamos nosso espaço na grande roda da vida, reconhecendo nossa conexão uns com os outros e com toda a criação. Mais do que isso, nos tornamos de fato uma parte do todo e percebemos a verdade: nada nos separa de tudo o que vemos, ouvimos e sentimos.

Nesses momentos, a gratidão abre totalmente nossos corações e neles penetram o amor, a beleza e a alegria que podem ficar sempre conosco em todas as circunstâncias. Através do dom do coração pleno de gratidão nos fundimos com o Todo, ao qual pertencemos por direito.

# Um hábito do coração

*Em relação aos outros, a gratidão faz parte da boa educação; em relação a nós mesmos, é um hábito do coração e uma disciplina espiritual.*

DAPHNE ROSE KINGMA

Dos meus 20 aos 30 e poucos anos, aprendi muito sobre gratidão com Daphne Rose Kingma. Passávamos muito tempo juntas, trabalhando com livros, e pude muitas vezes ver sua forma de relacionar-se com outras pessoas – lixeiros, telefonistas ou a balconista do café da esquina. Mesmo que estivesse apressada, com problemas pessoais ou aborrecida, ela sempre arranjava tempo para estabelecer uma relação com as pessoas. Eu a escutava reservar por telefone uma passagem aérea. Enquanto escolhia o vôo, era capaz de descobrir o nome da atendente, onde ela morava e dizer como era bom ser atendida por uma pessoa tão eficiente. Daphne ficava tão grata pela ajuda que recebia, que a pessoa do outro lado da linha se sentia calorosamente abraçada. Foi aí que percebi que a gratidão era um sentimento que podia ser cultivado. Resolvi tentar imitá-la (mas ainda não cheguei lá).

Uma das coisas fascinantes sobre os sentimentos é que eles vão e vêm, como ondas no oceano da nossa consciência. Alegria, raiva, medo, amor – todos eles surgem em resposta a algum gatilho interno ou externo, depois se dissipam. Sentimos raiva, depois ela desaparece. Ficamos apaixonados, mas a paixão passa. Sentimos gratidão, mas depois nos esquecemos. Nas crianças, é especialmente fácil perceber as ondas de sentimentos, pois elas vão e vêm muito depressa e sem censura. Num momento minha filha pode estar chorando desesperada porque eu saí do quarto; basta que eu volte e a pegue no colo para que um grande sorriso apareça em seu rosto.

À medida que crescemos, uma de nossas tarefas espirituais consiste em ultrapassar essas respostas meramente emocionais às experiências da vida e começar a cultivar emoções positivas – o que Daphne chama de "hábitos do coração". Isso significa que podemos aprender a amar, mesmo quando não "sentimos" amor, que podemos ser delicados quando estamos irritados e que somos capazes de sentir gratidão sem estarmos particularmente gratos. Desse modo, transformamos sentimentos oscilantes em atitudes conscientes sobre as quais agimos, mesmo que não estejamos "sentindo" aquilo naquele momento.

Atitudes são posturas mentais, posições que assumimos diante da vida. Elas determinam tudo, pois são os óculos através dos quais vemos o mundo. Ele é um lugar maravilhoso ou um inferno? Sabemos que a resposta dependerá da nossa atitude naquele dia. Será que o mundo mudou? Acho que o provável é que nosso pensamento sobre ele tenha mudado. Quando cultivamos atitudes positivas, como amor, alegria e gratidão, começamos a "refazer" o mundo. E passamos a viver num lugar diferente, porque nossas atitudes mudaram.

O que é particularmente belo numa atitude de gratidão é que ela nos conecta a tudo o que existe. É o reconhecimento de nossa ligação com a vida como um todo. A consciência desse reconhecimento estimula o fluxo: quanto mais gratidão sentirmos, mais abundância vital haverá em nossa existência.

É muito interessante o que acontece na relação entre as atitudes e os sentimentos: quanto mais você cultiva uma atitude, mesmo sem se dar conta, mais passa a experimentar o sentimento correspondente. Quanto mais amorosos formos, mais amor sentiremos. Quanto mais alegria irradiarmos, mais alegria teremos. E quanto mais agradecidos estivermos, mais sentiremos a riqueza de espírito gerada pelo sentimento de gratidão.

# A atitude é a única deficiência

*Nós que já vivemos em campos de concentração nos lembramos dos homens que passavam pelos alojamentos confortando os outros e doando seu último pedaço de pão. Podem ter sido poucos em número, mas são prova suficiente de que se pode tirar tudo do ser humano, menos uma coisa: a última das liberdades humanas – o poder de escolher uma atitude em qualquer circunstância.*

VICTOR FRANKL

Minha amiga Anette precisa de um transplante de rim. Todos que a conhecem ficam admirados com sua atitude de gratidão. Assim que soube do fato, em vez de adotar uma postura de "coitada de mim", ela se entusiasmou com essa possibilidade de cura. Contou-me com uma fisionomia radiante: "Estou muito agradecida. Quatro pessoas se ofereceram para serem testadas como doadoras. Não é maravilhoso? Quatro pessoas querem me doar um rim!"

Outro dia eu estava pensando em Anette enquanto dirigia, quando vi no carro da frente um adesivo que dizia: "A atitude é a única deficiência." Achei que era um slogan sobre os direitos dos deficientes, mas de repente percebi que havia um significado maior naquilo: o que pensamos sobre nossas vidas – nossa atitude – tanto pode nos habilitar quanto nos desabilitar. Como muitos mestres espirituais já afirmaram, nem sempre conseguimos mudar nossas circunstâncias, mas podemos ter um completo controle sobre o que pensamos delas, ou seja, sobre os significados que lhes atribuímos. Mesmo que nossas circunstâncias sejam tão terríveis quanto o campo de concentração mencionado por Victor Frankl, sempre somos capazes de focalizar os aspectos positivos e torná-las diferentes, através de nossas atitudes.

Anette pode estar doente mas, por adotar uma atitude de gratidão, não é uma deficiente. Através da gratidão ela está fortalecendo uma capacidade de renovar e recriar que, como disse Joan Borysenko, "acontece quando nos distanciamos do ponto de vista habitual e contemplamos a vida de uma perspectiva mais elevada". Com isso consegue atrair pessoas que querem ajudar das mais variadas maneiras, desde doadores de rim até terapeutas de energia, colegas de trabalho e amigos que se oferecem para cozinhar e fazer a limpeza durante sua convalescença. Todos querem ficar perto dessa maravilhosa professora de gratidão e alegria.

Mais do que ninguém, ela me provou que a gratidão é uma atitude que pode ser escolhida conscientemente, quaisquer que sejam as circunstâncias. Podemos nos concentrar nos aspectos negativos e escorregar numa espiral de pessimismo e tristeza. Ou podemos escolher olhar para o que há de bom numa situação e nos tornarmos uma referência de amor e alegria.

# O suficiente é suficiente

*O segredo da vida é saber quando o*
*que temos é o bastante.*
DR. VINCENT RYAN

Essa era a frase favorita de meu pai em seus últimos anos de vida, e uma das últimas coisas que ele me disse antes de morrer. Eu estava pensando em vender minha casa e me mudar para uma menor, e esta foi sua opinião sobre o assunto.

Parece até ironia, pois ele era clínico geral e passou 40 anos falando ao telefone com uma voz entrecortada e arquejante, mal conseguindo respirar, morrendo por excesso de fumo. Mas o fato de ele ter aprendido tarde a lição não invalida sua verdade que toca no ponto central da gratidão: ela nos traz a sensação de que o que temos é suficiente, enquanto a ingratidão traz uma sensação de privação que nos faz buscar incessantemente alguma outra coisa.

É por isso que a idéia de cultivar "a atitude de gratidão" é tão popular nos programas de 12 passos. Como mostra Emmet Miller em *Gratitude: A Way of Life* (Gratidão: uma maneira de viver): "A gratidão está ligada à sensação de estarmos preenchidos, completos, adequados – de que temos tudo de que precisamos e merecemos, o que eleva a nossa auto-estima". Todo tipo de vício tem origem no sentimento de privação, na sensação de vazio que o viciado acha que pode completar com alguma substância ou atividade: álcool, drogas, compras, sexo ou comida. Aprisionado nessa sensação de vazio, ele procura atender à necessidade, mas nunca fica satisfeito, porque o vazio não pode ser preenchido por nenhuma dessas coisas. Conseqüentemente, continua a querer sempre mais.

Como muitos já apontaram, nossa sociedade de consumo deve sua existência à capacidade de alimentar uma sensação permanente de insatisfação. Se estivermos satisfeitos com nossa aparência, por exemplo, por que gastar milhões com cosméticos e cirurgias plásticas? Ou com carros caríssimos que supostamente projetam uma imagem que desejamos ter?

A atitude de gratidão nos retira da ciranda da competição mesquinha. À medida que cultivamos uma profunda e verdadeira apreciação pelo que *temos*, percebemos que nosso sentimento de privação é, na maior parte das vezes, uma ilusão. Quaisquer que sejam as circunstâncias materiais, é a riqueza da alma que vai nos trazer a felicidade, e não mais um martíni, seios maiores ou o último videogame. Como disse Lao Tzu: "Aquele que sabe quanto é o bastante sempre terá o bastante."

# Sempre a primeira vez

*Faça com que seja novo.*
EZRA POUND

Certa vez fui a uma conferência sobre relacionamentos. A maioria dos participantes era composta de terapeutas que expunham as mais elaboradas teorias sobre o que gerava bons relacionamentos. De repente, um monge budista levantou-se e disse: "Eu conheço o segredo para manter o amor vivo. É simples. Basta agir como se tivesse acabado de conhecer aquela pessoa e se apaixonado. Quando você se apaixona, tudo o que a pessoa faz é maravilhoso. Você adora olhá-la e ouvir o que ela tem a dizer. Mesmo quando ela quer ouvir música country – que você detesta –, você pensa: "Bem, talvez não seja tão ruim assim.' À medida que o tempo passa, no entanto, você vai se desinteressando da pessoa e se recusando a ouvir aquela música. A solução é voltar a ver quem você ama com o olhar do começo do relacionamento." Quando os terapeutas reagiram, dizendo que aquilo era muito difícil, o monge respondeu: "Ah, eu disse que era simples, não que era fácil."

Acho que o monge está certo. O segredo do amor – e de sentir alegria e gratidão pela vida – é ver, sentir e ouvir como se fosse a primeira vez. Antes que a rotina desbote o céu azul diante da janela de seu escritório, antes que tire o frescor do sumo de uma laranja ou a maciez das mãos de quem você ama. Antes de você se acostumar com suas palavras carinhosas e seu riso sonoro, a ponto de torná-los inaudíveis.

Há pouco tempo, meu marido, Don, se deu conta de como é fácil ficar insensível aos milagres que nos cercam. Logo que adotamos Ana, não conseguíamos dormir; ficávamos o tempo todo contemplando seu rostinho tranqüilo, transbordando de gratidão. Agora, apenas quatro meses depois, Don, que passa o dia inteiro com ela, sente que está dando menos valor à sua presença, e que a alegria profunda pelo fato de Ana existir em nossa vida está diminuindo. "Fico entediado", ele diz, "porque é sempre a mesma coisa. Mas depois penso que a presença dela continua sendo um milagre hoje, exatamente como era há quatro meses, e continuará sendo daqui a 40 anos. Quando consigo me lembrar disso, percebo quanto a sensação de milagre estava amortecida dentro de mim. Nesse momento minha sensibilidade volta a acordar e meu coração se enche de novo de alegria."

Quando conseguirmos viver como se cada momento fosse a primeira vez – a primeira vez que fizemos amor, a primeira vez que contemplamos o rosto de quem amamos, a primeira vez que tomamos sorvete, a primeira vez que ouvimos uma música maravilhosa – não vamos precisar fazer esforço para sentir gratidão: ela vai surgir espontaneamente, como uma resposta natural à beleza e à abundância.

# Ter sorte não faz mal

*Há duas maneiras de viver. Uma como se nada fosse um milagre. A outra como se tudo fosse um milagre.*

ALBERT EINSTEIN

Há pouco tempo alguém me contou que o biólogo evolucionista Jared Diamond escreveu seu livro tão bem-sucedido, *Armas, germes e aço*, em resposta à pergunta de um aborígine: "Por que vocês têm tantas coisas?" Diamond resolveu tentar entender as razões históricas desta questão, mas o que me interessa são as razões morais e espirituais.

Por que nós, ocidentais, temos tantas coisas? Não fizemos necessariamente nada para merecer tudo isso (e quem acha que merece acaba ficando numa posição moralmente escorregadia, pois tem que concluir que quem sofre com a pobreza, doenças e epidemias deve também ter feito alguma coisa para merecer essa situação). Sim, talvez tenhamos trabalhado muito para conquistar o que possuímos, mas, ao nascermos, mal abrimos os olhos e já encontramos condições materiais muito mais favoráveis do que as da grande maioria dos povos. Talvez uma das razões para que tantas pessoas da nossa cultura achem difícil sentir gratidão seja o fato de, subconscientemente, nos sentirmos culpados por ter tanto, enquanto outros têm tão pouco. Isso faz com que desejemos ignorar a verdade a respeito de nossa boa sorte.

Lembro-me da primeira vez que me dei conta disso. Eu tinha uns 12 anos e estava escrevendo uma redação para a escola. Não me lembro qual era o assunto, mas acabei escrevendo sobre a minha sorte por ter nascido num país rico como os Estados Unidos, e não nas ruas da Índia.

Não sei o que vocês acham, mas hoje essa redação escolar me causa bastante desconforto. Em primeiro lugar, denota um certo imperialismo cultural: afinal, quem sou eu para afirmar que minha vida é realmente melhor do que as outras? Nós, ocidentais, possuímos mais coisas, mas isso não nos torna necessariamente mais felizes.

Em outro nível, fico com a sensação de que preciso fazer algo importante para continuar merecendo a sorte que tenho, e que nada do que eu fizer vai ser suficientemente importante. Além disso, fico tentada a ignorar e negar minha sorte, para não me sentir culpada.

Essas questões são complexas, e hoje em dia qualquer pessoa nascida num ambiente de relativa riqueza precisa definir qual é sua responsabilidade. Agora quero fazer uma pergunta: será que nós, em nossa cultura, somos capazes de desfrutar plenamente o que nos foi dado sem sentir culpa? Se a resposta for não, talvez tenhamos que tomar consciência dessa culpa para que ela não bloqueie nosso desejo de expressar gratidão.

# Você merece

*Você é filho do universo, exatamente*
*como as árvores e as estrelas;*
*você tem direito de estar aqui.*
DESIDERATA

Minha enteada convidou uma colega de faculdade para passar uma semana em nossa casa durante as férias de inverno. Eu providenciei aquelas coisas com que os anfitriões costumam cercar seus hóspedes: lençóis e toalhas limpos, uma jarrinha de flores na mesa-de-cabeceira, e comidas de que a moça gostasse. No jantar, procurava conversar com carinho, indagando sobre seus interesses, seus sonhos e expectativas, e como era sua família. Quando acabou a semana, ela foi embora sem agradecer com palavras ou gestos. Nenhum bilhete, nenhum presente, nenhum telefonema.

É claro que eu não a tratei bem para receber agradecimento, e, para dizer a verdade, nem me aborreci. Ao contrário, fiquei fascinada procurando descobrir o porquê de tanta falta de gratidão. Conversando depois com minha enteada sobre o assunto, ela me contou que tinha passado momentos difíceis por causa da baixa auto-estima da amiga. "Eu ficava metade do dia convencendo-a de que sua aparência estava ótima, que ela era inteligente e sua conversa, interessante", queixou-se.

De repente eu entendi: aquela moça tem uma visão tão negativa de si mesma que não consegue admitir que outras pessoas a achem merecedora de flores, interesse e bons jantares. O que eu fiz foi invisível porque ela era invisível para si mesma.

Para sentir gratidão você precisa ter consciência de que

algo lhe foi dado – pode ser um cabelo bonito, uma viagem ao Taiti ou um trabalho novo interessante –, porque a gratidão é a resposta de quem recebe um presente. Ela não existe se você não reconhece que ganhou algo, e não pode existir se você não se considera merecedor do presente. A baixa auto-estima tira as alegrias da gratidão porque você não tem onde colocar tudo o que recebeu.

Recebemos presentes o tempo todo, e somos merecedores pelo simples fato de estarmos vivos. Se você tem problemas para perceber os presentes que a vida lhe traz, talvez precise fortalecer sua auto-estima.

Inspire-se em Maya Angelou. Numa entrevista, Oprah Winfrey lhe perguntou como, apesar de todas as dificuldades que enfrentou, ela nunca duvidou de si mesma. Maya respondeu que, quando se deu conta de que Deus a amava, suas dúvidas acabaram. Porque, se Deus a amava, como ela poderia duvidar de si mesma?

Você merece tudo o que recebe.

# Sua alma tem um propósito

*Iluminar o mundo só depende de você.*

PHILIPPE VENSIER

Tom Chappell e sua mulher são proprietários da empresa de produtos naturais Tom's of Maine. Em seu vídeo de apresentação, *A alma do negócio*, ele conta como, apesar de seu imenso sucesso material (uma bela casa, um iate excelente e um negócio muito bem sucedido), um dia, aos 43 anos, acordou sentindo-se desconectado da empresa e de si mesmo. Pensou até em se aposentar. Depois decidiu freqüentar a escola sacerdotal e se tornar pastor. Lá, reencontrou seu propósito. Percebeu que sua função como pastor era incorporar às atividades empresariais da Tom's of Maine os valores em que acreditava profundamente, e ajudar outros empresários a fazerem o mesmo. Se você deseja que a prática da gratidão ilumine sua vida, é essencial que, tal como Tom Chappell, passe a acreditar que está aqui na Terra para cumprir uma missão que só você pode realizar. Cada um de nós é um indivíduo incrivelmente raro e único, com talentos e dons de que o mundo necessita com urgência. Quanto mais consciência você tomar de sua singularidade e beleza, mais gratidão vai sentir pelos dons que possui, e mais habilidade terá em exercê-los.

Infelizmente, poucos de nós tivemos pais que estimulassem nossa individualidade, valorizassem nossos dons ou nos ajudassem a reconhecer nossos propósitos. Por isso, quando nos tornamos adultos, achamos difícil gostar incondicionalmente de nós mesmos, embora essa seja a única maneira de gerar uma profunda e serena atitude de gratidão em relação ao que somos. Em *The Woman's Book of Spirit* (O livro do espírito da mulher), Sue Patton Thoele propõe a seguinte meditação:

"Para ajudar a perceber o valor da gratidão em relação a nós mesmos, vamos visualizar nosso coração como um tesouro delicado, feito do cristal mais raro e etéreo. Um tesouro de um valor além da imaginação – frágil, antigo, insubstituível e sem preço. Ele é único, infinitamente precioso, existe antes do tempo e existirá depois da eternidade.

Na verdade, este inexplicável tesouro nos foi confiado no momento em que recebemos o dom da vida...

De olhos fechados, com delicadeza, ponha as mãos sobre o coração e permita que sua respiração flua suavemente para dentro e para fora. Quando estiver pronto, peça que lhe seja dado um símbolo para seu coração. Segure esse símbolo, que você vê ou sente, com o mesmo cuidado com que seguraria uma jóia preciosa.

Contemplando a maravilha desse símbolo, deixe que a gratidão percorra seu corpo, preenchendo todas as células do seu ser. Assuma um compromisso consigo mesmo de cuidar e tratar com carinho do seu coração."

# A solução no problema

*As pessoas vivem se queixando das circunstâncias de suas vidas. Eu não acredito em circunstâncias. As pessoas que progridem neste mundo são aquelas que partem em busca das circunstâncias que desejam e, se não as encontram, as constroem.*

GEORGE BERNARD SHAW

Uma terapeuta que conheço estava tratando de uma mulher judia que tivera um sério derrame e estava sofrendo de afasia – dificuldade para falar. A paciente não parecia muito preocupada com o problema, mas a família o considerava uma grande tragédia. Quando ainda era jovem, a habilidade verbal dessa mulher havia sido um grande dom, salvando inclusive sua vida. Ela falava cinco línguas e sobrevivera ao Holocausto tornando-se tradutora para os nazistas, num campo de concentração. Depois da guerra, foi viver nos Estados Unidos e sustentou a família ensinando outros idiomas. Agora estava lutando para falar, e seus filhos adultos viviam tentando socorrê-la para ajudá-la a encontrar as palavras.

O derrame transformou-a também de outras maneiras. Fria e distante como mãe, o derrame tornou-a fisicamente afetuosa, e ela passou a tocar constantemente nos filhos. No entanto, eles estavam tão preocupados com a perda da fala da mãe que não perceberam que o que estavam recebendo agora era o tipo de afeto que tinham procurado a vida inteira.

A terapeuta sugeriu que, quando se sentissem frustrados com a falta de acuidade verbal da mãe, em vez de tentar ajudá-la a falar, respirassem fundo e procurassem perceber o amor que ela transmitia através do toque. Isso permitiu que a mulher encontrasse o espaço de que precisava para falar, e os filhos pudessem apreciar o amor que vinha da mãe.

Essa história nos transmite a importância de usar a fonte da frustração como instrumento para cultivar uma atitude de gratidão. Há alguma coisa em sua vida que você acha muito desagradável ou difícil? Há algum dom oculto nessa situação desagradável em que você, como esses filhos, possa focar a atenção e criar uma oportunidade para a gratidão?

Para mim, enfrentar filas é um problema. Detesto "perder" tempo. Levo minha vida num ritmo frenético, e não quero que nada me impeça de fazer tudo o que programei para aquele dia. Até pouco tempo, eu era sempre aquela pessoa na fila que fica suspirando, revirando os olhos, se mexendo e olhando o relógio a cada minuto. Quando finalmente chegava ao balcão, estava sempre indignada demais para ser gentil com o atendente. Mas, como a vida é cheia de filas, resolvi mudar de atitude. Em vez de me aborrecer, decidi encarar a espera na fila como uma maravilhosa oportunidade de me acalmar, de respirar conscientemente, tomar consciência de meu corpo e relaxar o mais possível as tensões musculares. As filas continuam longas como sempre, mas agora eu agradeço a oportunidade de poder parar.

# O tempo é agora

*Podemos passar a vida inteira desfrutando vários privilégios sem lhes dar valor, até o momento em que os perdemos. Quantos amantes pensam com audácia na separação, acreditando já estarem saciados da pessoa amada? No entanto, mal passam pela verdadeira experiência da separação, começam a se torturar de saudade.*

*JAMI*

É incrível como me reconheço nessa citação sufi de Jami! Chamo isso de gratidão retroativa – perceber, depois que algo acabou ou alguém foi embora, o quanto eu gostava daquilo ou daquela pessoa. A saúde, sorriso de quem amamos, um trabalho criativo que permita a auto-expressão – a lista do que somos capazes de não valorizar é infinita.

Deixar de dar valor ao que se tem até que seja "tarde demais" gera o arrependimento, que é um dos sentimentos negativos mais perigosos que existem. O arrependimento é um veneno que nos prende ao passado: se ao menos eu tivesse dito mais vezes quanto era grata por tudo o que ele me dava, talvez ele não tivesse me deixado; se ao menos eu tivesse dado mais valor às minhas pernas antes do acidente de carro; se ao menos eu tivesse dito a ela quanto suas palavras carinhosas eram importantes para mim... Se ao menos, se ao menos... Nossa cabeça fica girando, remoendo uma história atrás da outra, pensando como nossas vidas teriam sido melhores se tivéssemos dado mais valor a certas coisas.

Sempre que me vejo perdida na névoa da gratidão retroativa tomo duas iniciativas. Em primeiro lugar, paro e conscientemente agradeço à pessoa ou ao fato em relação ao qual descobri com atraso minha gratidão. Se a pessoa estiver viva, agradeço por carta ou telefone. Se não, faço um agradecimento mental a ela ou à situação. Em segundo lugar, presto atenção na minha vida atual, em tudo a que não estou dando valor no momento presente.

É claro que nunca podemos saber o que teria acontecido se tivéssemos expressado gratidão em determinado momento – se você reclamasse menos e fosse mais agradecida, talvez ele não a abandonasse, mas talvez tivesse ido embora de qualquer maneira. A única coisa da qual podemos ter certeza é que, quanto mais agradecermos agora pelo que possuímos, menos nos arrependeremos no futuro, aconteça o que acontecer. Agora você não pode mais dizer à sua irmã que acaba de morrer quanta gratidão sente pela presença dela em sua vida. Mas pode dizer ao seu marido, seu filho e seu melhor amigo como eles são importantes para você.

Use o arrependimento para dar ainda mais valor aos dons que recebeu e comprometa-se a comunicar sua gratidão o mais possível.

# A alegria de viver

*Foi aí que aprendi que a gratidão é o melhor sentimento que eu podia ter, a suprema alegria de viver. Era melhor que o sexo, melhor do que ganhar na loteria, melhor do que ver minha filha se formando na universidade, melhor e mais profundo do que qualquer outro sentimento. Talvez ela seja a origem de todos os outros sentimentos realmente bons do repertório humano.*

LEWIS SMEDES, DEPOIS DE QUASE MORRER

Em *A Pretty Good Person* (Uma boa pessoa), Lewis Smedes, professor de teologia e ética no Seminário Teológico Fuller, conta a história do colapso que sofreu em seu apartamento, em Minnesota, numa manhã assustadoramente fria de dezembro. "Foi como se meus pulmões tivessem sido atingidos por uma saraivada de coágulos de sangue, e durante dois dias fiquei entre a vida e a morte no hospital. No quarto dia, um bondoso médico norueguês, Hans Engman, debruçou-se sobre minha cama e me deu parabéns por eu ter sobrevivido, contra todas as probabilidades estatísticas...

Duas noites depois – no melancólico silêncio que se instala num quarto de hospital às 2h da manhã e sem ter tomado nenhum remédio que alterasse meu estado mental – fui invadido por uma onda intensa de gratidão... Agradeci a Deus pela graça infinita de estar vivo nesta Terra tão boa, neste corpo, naquele momento."

Ao fazer pesquisas para escrever este livro, fiquei surpresa com a quantidade de pessoas que relatavam histórias semelhantes. Foi preciso que a morte as tocasse de perto para que o sentimento de gratidão acordasse dentro delas. Li muitos relatos que descreviam os efeitos positivos de acidentes de carro, câncer, naufrágios e outras situações de grande ameaça. Elas fizeram com que as pessoas passassem a ter muito mais gratidão pelas coisas simples da vida. Não foram decisões intelectuais; ao contrário, essas pessoas se sentiram arrebatadas por um intenso sentimento de gratidão, como o que Lewis Smedes descreveu, e a partir daí juraram cultivar a gratidão diariamente.

Minha pergunta é: será que você precisa quase morrer para sentir toda a alegria que o momento presente pode proporcionar? Ou é possível, agora mesmo, desfrutar a maravilha que é estar vivo, inspirando e expirando, percebendo o mundo com todos os sentidos, ser capaz de sorrir para um desconhecido, acariciar o ser amado, tocar a pele macia de um bebê? Não é preciso chegar perto da morte para poder mergulhar no maravilhoso conforto da gratidão. A cada momento somos capazes de sentir o mundo como se ele fosse novo, e experimentar o êxtase daqueles que quase morreram.

Pense por um momento em alguma coisa que você esteve prestes a perder – um amigo numa discussão, um carro roubado e depois encontrado, um seio, sua vida. Percebe como seu coração espontaneamente se expande, agradecendo por tudo o que está presente em sua vida?

# Uma espiral que não pára de crescer

*Quanto mais expresso minha gratidão, mais profunda é a consciência que tenho dela. E quanto maior a consciência, maior a necessidade de expressão. Assim passa a existir uma espiral ascendente, um processo permanente de crescimento que se expande em círculos, em torno de um centro fixo.*

IRMÃO DAVID STEINDL-RAST

"Minha avó russa foi a melhor professora de gratidão que já tive", contou-me há pouco tempo uma pessoa que trabalha comigo. "Éramos muito pobres e eu vivia me queixando de não ter uma coisa ou outra. Sempre que saíamos, ela tirava de tudo o que acontecia uma lição sobre o ato de agradecer. Quando andávamos pelas ruas de Nova York e víamos, por exemplo, um homem sem pernas mendigando comida, ela dizia: 'Reze agora para Deus, agradecendo as pernas que você tem e a comida na sua barriga.' Ela não falava isso por se sentir superior ao homem, nem para que eu me sentisse culpada, mas para me ensinar que, em torno de nós, todos os dias, existem maneiras de nos lembrarmos dos dons que recebemos, quaisquer que sejam as circunstâncias, e que, quanto mais agradecermos, mais graças poderemos obter. Durante anos, na adolescência, rejeitei os ensinamentos da minha avó. Mas ultimamente tenho notado que, quanto mais agradeço, melhor se torna a minha vida. Quando paro de agradecer, as coisas tendem a dar errado."

Muito do que se escreve sobre a gratidão hoje em dia faz com que ela pareça uma espécie de apólice de seguro, como se sentir gratidão fosse um meio de garantir que as coisas continuem a correr bem. Não gosto dessa idéia. Para mim, a verdadeira gratidão é uma resposta natural ao milagre que é nossa vida a cada momento, uma sensação de plenitude que vem do coração e que independe do que desejamos para o futuro.

Apesar disso, tenho constatado que tudo aquilo em que nos concentramos tende a crescer. Já percebeu que quando você aprende uma palavra nova de repente tem a sensação de ouvi-la a todo momento? Ou que quando um amigo lhe mostra uma planta diferente você a vê por toda parte?

Eu acho que isso acontece porque tudo está em torno de nós o tempo todo. Mas, na maior parte das vezes, escolhemos inconscientemente perceber determinadas coisas e não outras simplesmente porque não podemos prestar atenção em tudo. À medida que mudamos nosso foco de atenção, passamos a ver coisas até então despercebidas. Os cientistas sugerem que algo ainda mais surpreendente está acontecendo – que a realidade está aberta para a influência momentânea da mente e é, nas palavras de David L. Cooperider, "muitas vezes profundamente criada por nossas imagens, valores, planos, intenções, crenças e outras motivações antecipatórias". Isso significa que nós, de fato, interferimos na realidade através da força de nossas imagens mentais.

Em ambos os casos, quanto mais agradecidos ficarmos no presente, mais razões teremos para sentir gratidão no futuro. E mesmo que nada de muito bom aconteça, nossos olhos estarão abertos para os dons que sempre estiveram perto de nós. Como mostra Susan Jeffers, "tudo é uma questão de foco; quando estamos focados na abundância, nossas vidas parecem abundantes; quando nosso foco está na privação, temos a sensação de que sempre falta algo em nossas vidas".

## Comece onde você está

*Se você não tem tudo o que quer, agradeça pelas coisas que não tem e que também não quer.*

ANÔNIMO

Às vezes estamos num estado mental tão negativo que a única maneira de nos conectarmos ao sentimento de gratidão é enumerar todas as coisas ruins que não nos aconteceram: por exemplo, meu cachorro não foi atropelado, eu ainda não estou com Alzheimer, meu filho não colocou um piercing no nariz hoje e não houve nenhum terremoto.

Enumerar as chamadas bênçãos pelo fato de não terem acontecido – e quanto mais chocantes, melhor – é uma maneira poderosa de elevar nosso estado de espírito.

Mas, pensando bem, não é realmente maravilhoso não ter havido nenhuma enchente? Ou que sua casa não tenha se incendiado? Às vezes precisamos pensar no que não nos aconteceu para poder sentir as alegrias da vida cotidiana.

Muitas vezes chegamos a esse estado de espírito ouvindo as desgraças dos outros: "Graças a Deus que meu filho não estava nesse acidente de carro!"; "Que bom que meu marido não foi demitido!"; "Imagine toda essa gente pobre que perdeu suas casas!". Acho que essas reações fazem parte da natureza humana, mas seria maravilhoso se não precisássemos dos sofrimentos dos outros para lembrar as bênçãos de nossa vida. Se conseguirmos perceber as bênçãos em nossa vida diariamente – incluindo o fato de que coisas ruins *não* aconteceram –, em vez de sentir alívio e gratidão ao saber das desgraças dos outros, talvez possamos viver de acordo com um real sentido de compaixão.

# 4.
# As práticas de gratidão

*Quando entramos em sintonia com o sentimento de gratidão, por menor que ele seja, nos sentimos reconfortados... Quando começamos a perceber esses momentos e a valorizá-los... não importa quão apertado e sofrido o coração esteja: aos poucos, no seu próprio ritmo, ele vai se expandir.*

PEMA CHÖDRÖN

Agora chegamos ao estágio seguinte de nossa jornada, em que começaremos a transformar nossas atitudes em ações concretas. Aqui não vamos apenas *sentir* gratidão, mas também agir para expressar nossos sentimentos de gratidão, de maneira que enriqueçam nossas vidas e a vida daqueles que nos cercam. É nesse ponto que nossas almas amadurecem, pois é fácil falar sobre a idéia de gratidão, mas o importante é dar o passo seguinte: *incorporá-la.* Quando começamos a praticar a gratidão, criamos uma ressonância poderosa entre pensamentos e ações, e nosso espírito começa a brilhar com toda a intensidade.

# Exercite-se diariamente

*Seu futuro depende de muitas coisas, mas
depende sobretudo de você mesmo.*
FRANK TYGER

Apesar de ter passado os últimos 25 anos de minha vida trabalhando como editora e autora, continuo me surpreendendo ao constatar que a escrita é uma musculatura que precisa ser exercitada. Quando eu ou os autores com quem trabalho a praticam todos os dias, ela acontece de modo relativamente fácil, algo como correr uma milha para um maratonista. Mas quando me afasto muito tempo do computador, meu cérebro fica enferrujado, como o corpo de um atleta que volta a treinar depois de uma contusão. Certa vez, depois de um mês sem escrever, achei que nunca mais conseguiria fazê-lo, o que me deixou desesperada.

O mesmo acontece quando se trata de desenvolver qualquer atitude. Quanto mais você pratica, mais fácil fica fazer. Estou convencida de que essa é a diferença entre o otimista e o pessimista. O pessimista é alguém que exercitou os músculos da negatividade e da carência até eles se tornarem fortes e habituais, enquanto o otimista é a pessoa que desenvolveu a gratidão e a atitude positiva até elas se tornarem uma segunda natureza. Somos sempre capazes de escolher os músculos que queremos desenvolver. Com a prática, podemos nos tornar participantes cheios de alegria no jogo da vida, agradecidos por poder fazer a nossa parte e desfrutando o puro prazer de jogar.

Quando penso em alguém que realmente exercita os músculos da gratidão, sempre me lembro de Peris. Ela é aquele tipo de pessoa que liga para os amigos sem nenhuma razão específica, só para agradecer-lhes por fazerem parte de sua vida. Há pouco tempo telefonei-lhe para fazer perguntas sobre a gratidão. Ela demorou a retornar minha ligação mas, quando o fez, disse que minhas perguntas a fizeram se dar conta de que ela não andava se sentindo grata o bastante e me agradeceu o lembrete.

Como Peris, ou nos exercitamos ou o músculo enfraquece. Desenvolver o músculo da gratidão é como desenvolver qualquer outro. No começo tudo vai parecer estranho, desajeitado e difícil. Mas se você perseverar todos os dias, logo o fará espontaneamente, sem nem pensar.

Criar algum tipo de ritual diário ajuda muito a desenvolver o músculo: pode ser um diário onde você anote os motivos para ser grato, ou relembrar todas as coisas que lhe causam gratidão enquanto estiver em filas, enquanto dirige seu carro, indo ou voltando do trabalho. Só você pode descobrir o que funciona melhor no seu caso, mas, qualquer que seja sua escolha, assuma o compromisso de listar todos os dias dez coisas pelas quais você é grato. Logo isso vai se tornar uma segunda natureza. Eis o começo da minha lista: não sofri nenhum acidente de carro; meu computador funcionou; meu bebê está saudável; parou de chover; comi um filé delicioso no jantar; minha casa é aconchegante; minha melhor amiga vem me visitar...

# Escolha a gratidão "apesar de"

*Enquanto atravessa esta vida, irmão/irmã,*
*seja lá qual for seu objetivo, concentre-se*
*no queijo, não no buraco.*

ESCRITO NA PAREDE DO
MAYFLOWER COFFEE SHOP, EM CHICAGO

Iyanla Vanzant, autora dos inspirados best-sellers *Enquanto o amor não vem* e *Um dia minha alma se abriu por inteiro*, viveu uma típica história de alguém que passa da pobreza para a riqueza. Até os 40 anos sustentou-se com o salário-desemprego, quando então sua vida começou a dar uma reviravolta. Ela afirma que em todas as circunstâncias seu sentimento de gratidão a sustentou. "Sou grata por tudo", diz ela, "tanto por não ter tido onde morar quanto por ter hoje uma casa de meio milhão de dólares".

Essa mulher notável está nos mostrando algo muito importante sobre a gratidão – que podemos senti-la "apesar de" qualquer outra coisa: um amigo pode estar morrendo num hospital, milhões de pessoas estão na miséria enquanto você lê este livro, sua própria vida tem atribulações e desafios.

Não podemos esperar até que tudo esteja perfeito – conosco ou com o resto do mundo – para sentir gratidão. Corremos o risco de jamais senti-la. "O mundo é curvo demais para uma felicidade sem sombras", diz Lewis Smedes, e por isso temos que abraçar e beijar a alegria enquanto ela passa por nós, mesmo em meio à tristeza e à dor. Isso não significa negar o sofrimento, mas apenas não deixar que ele nos cegue para a beleza e a alegria que nos cercam, apesar de tudo o que possa estar acontecendo.

Mais uma vez, trata-se de escolher onde concentrar a atenção. Faça a seguinte experiência:

Escolha uma manhã e pare de hora em hora para registrar o que deu errado nesse período: você pegou um trânsito péssimo e chegou atrasada no trabalho, o tempo estava frio e sombrio, seu chefe reclamou de um projeto no qual você tinha trabalhado muito. No mesmo dia, à tarde, pare de hora em hora para registrar o que deu certo: um velho amigo ligou inesperadamente, o sol apareceu e você fez um ótimo trabalho de vendas.

Você se sentiu mais viva durante a manhã ou durante a tarde?

# Divirta-se com o cotidiano

*Dia comum, permita que eu me dê*
*conta do tesouro que você é.*
*Deixe que eu aprenda com você, que o*
*ame e o abençoe antes da sua partida.*
*Não permita que eu o ignore por estar*
*buscando um raro e perfeito amanhã.*
*Deixe-me abraçá-lo enquanto posso, pois*
*isso talvez não volte a acontecer.*
*Talvez chegue o dia em que enfiarei as unhas na terra,*
*afundarei meu rosto no travesseiro, me desesperarei e*
*levantarei as mãos aos céus, desejando, mais*
*do que tudo neste mundo, que você volte.*

MARY JEAN IRON

É difícil darmos valor ao que é comum, exceto quando enfrentamos uma situação difícil ou desafiadora. Sempre me lembro dessa verdade quando fico doente. Quando estou bem, considero meu estado físico como algo muito natural. Não dou nenhuma atenção particular a como estou me sentindo; simplesmente não tomo conhecimento. Mas, durante a doença, quando começo a melhorar, sinto uma imensa gratidão ao perceber como é bom não estar doente – não sentir a cabeça doendo, a garganta queimando e músculos e juntas doloridos. Volto ao meu estado normal, mas *só nesse momento me dou conta de como ele é maravilhoso.*

Algumas pessoas têm essa sensação depois de passar por uma iminência de desastre, por uma ameaça de falência, por qualquer coisa que abale nossa rotina e nos faça acordar para a maravilha da vida cotidiana.

O que é difícil, claro, é aprender como adquirir essa consciência sem precisar adoecer ou passar por qualquer aflição maior. Uma maneira de fazer isso é escolher uma tarefa comum, algo que você faz todos os dias, e decidir que naquele dia específico você vai desempenhar a tarefa de forma muito consciente. Pode ser qualquer coisa – lavar pratos, cortar verduras ou fazer a cama. Em vez de agir pensando em outras coisas (como o jantar que você tem que organizar ou a raiva que sente do motorista que acabou de te dar uma fechada), preste absoluta atenção no que está fazendo, e não fique no piloto automático. Preste atenção no zumbido agudo do motor do aspirador de pó, na textura macia e rugosa da mangueira em sua mão, na poeira sendo sugada, e pense em como é bom estar limpando sua casa para torná-la um lugar mais agradável.

Quanto mais detalhado for esse exercício de percepção, melhor. Ele é uma forma excelente de ampliar nossa capacidade de apreciar os acontecimentos comuns de nossa vida. Como diz Rick Fields, "quando concentramos nossa atenção, o que quer que estejamos fazendo – cozinhar, fazer faxina ou fazer amor – se transforma... Começamos a perceber detalhes e texturas que não percebíamos antes; nossa vida cotidiana se torna mais nítida, mais clara e, ao mesmo tempo, mais ampla". Nossos olhos voltam a descobrir o milagre das coisas absolutamente comuns, e a alegria inunda nossos corações.

# Do que você precisa realmente?

*O essencial para ser feliz nesta vida é ter algo para fazer, alguém para amar e esperança em alguma coisa.*

JOSEPH ADDISON

Uma amiga minha com problemas de saúde decidiu recentemente vender sua linda e ampla casa de campo e mudar-se para um pequeno condomínio na cidade. É mais fácil para ela administrar seu dia-a-dia numa casa menor, de manutenção mais barata e com mais acesso ao transporte público. Mas, evidentemente, ela sentiu certa dificuldade em ter que abrir mão da beleza de sua antiga casa, principalmente quando se deu conta de que seu orçamento não ia permitir certos luxos. "Ontem descobri que não poderia comprar as portas francesas que eu tanto desejava", ela me confidenciou. "São caras demais. Comecei a me sentir péssima. Depois parei e perguntei a mim mesma honestamente: 'Será que preciso delas tanto assim?' A resposta foi não, claro, e passei a me sentir muito melhor."

Quando nos concentramos naquilo que realmente necessitamos, em vez de focalizar no que desejamos, a vida fica muito mais simples e é mais fácil sentir gratidão. Porque, se pensarmos bem, não *precisamos* de tanta coisa. Será que precisamos mesmo de um carro novo? De uma televisão maior? De uma viagem ao exterior? Um trabalho que dê sentido à vida? Do que você precisa realmente?

É muito útil olhar em torno e descobrir do que você necessita para ser feliz. Na verdade, a lista não é longa: comida, moradia, descanso, lazer, pessoas que amamos e algo significativo para fazer. Só isso. Tudo o mais são desejos. Desejos importantes, mas apenas desejos. Por exemplo, no topo da minha lista de "necessidades" está uma banheira com hidromassagem. É bom para minhas costas e meu humor, mas durante anos vivi perfeitamente sem ela, o que me obriga a admitir que não se trata de uma necessidade verdadeira.

O comentário de minha amiga sobre portas francesas foi muito importante para meu aprendizado sobre as atitudes de gratidão. Agora, sempre que me pego desejando alguma coisa e me lamentando por não tê-la, pergunto a mim mesma: "Será que preciso mesmo disso para ser feliz?" É impressionante como na maior parte das vezes a resposta é *não*. Faça a experiência agora você mesmo.

# Pratique o perdão

*Há muitas maneiras de vitimar as pessoas. Uma delas é convencê-las de que são de fato vítimas.*

KAREN HWANG

Nada bloqueia tanto o sentimento de gratidão quanto a raiva e o ressentimento. Por isso o perdão é tão importante na prática da gratidão. Não conseguimos sentir gratidão pelo que recebemos de nossos pais enquanto ainda estamos com raiva de sua violência, egoísmo, falta de sensibilidade, alcoolismo ou negligência. Nem conseguimos receber as dádivas de um relacionamento encerrado enquanto ainda nos sentimos feridos pela traição, magoados com a decepção e tristes pelo abandono.

É de fato impossível. Tentar forçar o sentimento de gratidão enquanto esses fortes sentimentos negativos estão atuando só aumenta o sofrimento. Fomos feridos e não devemos tentar negar a dor. A cura que vem através da consciência da dor e da elaboração da perda tem que acontecer primeiro.

Mas, durante o processo de elaboração emocional, o tempo do perdão acaba chegando. Porque só o perdão nos tira da posição de vítimas e nos libera para seguirmos em frente. Dependendo do tipo de golpe que você sofreu, isso pode exigir um profundo trabalho psicológico e espiritual. E este, só você pode fazer.

Para ajudar no processo do perdão, recomendo praticar o que chamo de "Relatório da Mágoa". Numa carta (que nunca será enviada) para quem o prejudicou ou ofendeu, escreva todas as conseqüências que aquele gesto ou ato causou em sua vida, nos mínimos detalhes. Não esconda nada. Depois estabeleça limites para você mesmo, como por exemplo: "Quando alguém me agredir verbalmente, vou me levantar e sair da sala", ou "Nunca mais vou conviver com alguém em quem não confie". Isso o ajudará a criar uma segurança que vai protegê-lo dessas situações no futuro. Depois escreva um bilhete para si mesmo perdoando-se por não ter estabelecido antes limites que evitassem a agressão, e um segundo para a pessoa que o magoou, agradecendo pela lição que ela lhe ensinou e que vai impedir que um fato semelhante volte a acontecer.

Se você conseguir, sem pressa, expressar plenamente suas necessidades, sua dor, e estabelecer seus novos limites, é possível que comece a se sentir grato pelas lições que o sofrimento lhe ensinou. Talvez você tenha aprendido a respeitar-se mais, a ser mais tolerante com as pessoas, mais verdadeiro, menos submisso, seja o que for. Em algum momento você vai perceber que melhorou, está mais forte, amoroso, cuidando melhor de si mesmo do que estaria se não tivesse passado pelo que passou. E vai poder reconhecer a dádiva contida em seu sofrimento. A partir desse momento você passará de vítima a vencedor, e de vencedor a um admirado professor.

O perdão leva a um lindo movimento de cura, a um transbordamento de gratidão por tudo o que antes foi doloroso. Assim somos libertados do sofrimento.

# Deixe-se maravilhar

*Oh, por toda a maravilha*
*que borbulha em minha alma.*
D. H. LAWRENCE

Há pouco tempo levei minha filha de um ano ao zoológico pela primeira vez. Seus olhos quase pularam das órbitas quando ela viu um elefante, e quando lhe dei sua primeira casquinha de sorvete seus olhos brilharam e ela abriu um imenso sorriso de alegria. A verdade é que os elefantes são mesmo criaturas extraordinárias, e sorvetes são deliciosos tanto na primeira quanto na milésima vez. Mas nós, adultos, perdemos a capacidade de nos maravilhar, e por isso deixamos de apreciar devidamente sorvetes e elefantes.

As crianças são nossos melhores professores de encantamento. Perdemos a capacidade natural de nos maravilhar à medida que nos deixamos entorpecer pela vida. Nós nos maravilhamos quando somos surpreendidos, e a gratidão é gerada pela sensação de que algo extraordinário aconteceu. Por isso, para exercitarmos o sentimento de gratidão, precisamos deixar que a vida nos surpreenda com um glorioso pôr-do-sol, um gostoso carinho nas costas, um telefonema inesperado ou a delicadeza de um desconhecido. O problema da vida adulta é que não nos deixamos mais emocionar: é só mais um belo pôr-do-sol, mais uma árvore florida, mais um presente de aniversário, mais um amigo que nos procura.

Para resgatar nossa capacidade de deslumbramento, basta abrir nossos sentidos e procurar ver o mundo com um olhar renovado. Experimente por um minuto. Em primeiro lugar, ouça os sons que o cercam; talvez você escute passar um avião. Não é espantoso que aviões possam voar? Que perfumes você consegue distinguir no ar? Eu adoro cheiro de jasmim. Não é incrível que as flores tenham perfumes tão diferentes?

Agora preste atenção na sua visão. Repare no que há em torno de você: a nervura na porta de madeira, as letras negras sobre a página branca, o amarelo brilhante das bananas na fruteira. Não é fascinante a diversidade das cores das frutas? Não é incrível que você possa comer bananas agora, apesar de elas serem cultivadas a milhares de quilômetros de onde está?

Podemos nos maravilhar a cada momento se diminuirmos nosso ritmo para perceber o mundo que nos cerca como se fosse pela primeira vez. Quando voltarmos a fazer isso, sentiremos gratidão pelas coisas mais comuns e extraordinárias da vida.

# Não compare

*Vida gera vida. Energia gera energia.*
*É quando nos doamos que nos tornamos ricos.*
SARAH BERNHARDT

Ao voltar para casa outro dia, ouvi no rádio que a bolsa de valores havia subido, e com isso haviam subido também os ganhos dos diretores de uma empresa. No ano passado, o presidente da Disney ganhou 10 milhões de dólares; outro executivo em Los Angeles, 45 milhões; e não estamos nem falando de Bill Gates. Senti uma inveja crescente, e percebi que todo o sentimento de gratidão por minha própria vida – tenho uma família maravilhosa e cheia de amor, amigos queridos, uma boa casa e basicamente boa saúde – parecia se esvair. "Se eu pudesse ganhar só um dos muitos milhões que eles têm, aí, sim, eu seria feliz", pensei.

Na verdade, a felicidade é uma questão interior e, para além do nível de subsistência, o dinheiro tem pouco a ver com ela. Mas a maioria de nós está convencida de que o dinheiro pode comprar a felicidade. Percebi até que ponto esse sentimento é universal quando, há alguns anos, li o resultado de uma pesquisa em que se havia perguntado às pessoas de quanto dinheiro elas achavam que precisavam para ser felizes. Todas, sem exceção, achavam que precisavam de mais dinheiro. Quem ganhava 20 mil achava que 30 seria o ideal; quem ganhava 45 mil estava convencido de que 65 era o número mágico, e os que ganhavam 100 mil queriam 200. A única coisa que variava era que, à medida que os salários subiam, o número mágico capaz de trazer felicidade subia também – provando que, quanto mais se tem, mais se quer.

Pude perceber então que há alguma coisa na natureza humana (pelo menos na natureza humana ocidental contemporânea) que vai sempre fazê-la desejar mais e invejar os que têm. Cheguei à conclusão de que a única maneira de lidar com essa característica é ficar sempre consciente dela – "Ah, lá vem você de novo!" – e voltar a se concentrar no que é realmente importante.

A escolha é minha: posso resolver passar minha vida invejando Bill Gates, a dona de casa que não precisa trabalhar porque seu próspero marido a sustenta e aquela pessoa que acabou de receber uma herança enorme da mãe. Posso também começar a perceber o que quero realmente para mim mesma.

Prefiro usar a inveja como um gatilho que me faz lembrar que o que quero mesmo é conseguir ser uma pessoa cada vez melhor, como aconselha Sarah Bernhardt, e é isso que vai me trazer uma verdadeira sensação de riqueza, independentemente dos meus recursos materiais. Não posso evitar que o monstro de olhos verdes apareça de vez em quando, mas posso usar sua aparição para empenhar-me mais ainda num trabalho que beneficie o mundo como um todo. O sentimento de abundância – de plenitude – para cumprir a missão para a qual viemos ao mundo é melhor do que qualquer milhão de dólares.

# Transforme as expectativas em aceitação

*Acho que, muitas vezes, quase irritados, rejeitamos algo que Deus nos oferece só porque naquele momento esperávamos outra coisa.*

C. S. Lewis

A pessoa mais ingrata que conheço é uma mulher mais velha que não consegue perceber a beleza da vida que tem, porque gostaria que ela fosse diferente. Essa mulher possui uma casa linda, filhos saudáveis, inteligentes e bem-sucedidos, um casamento que dura há 50 anos, e dinheiro e saúde para viajar. Além disso, ninguém de seu círculo familiar próximo morreu nem está seriamente doente, e ela nunca conheceu pobreza nem privação material. Olhando-a de fora, é uma pessoa muito privilegiada que deveria se sentir muito grata. No entanto, tudo o que tem é completamente invisível para ela, porque, de alguma forma, não era isso o que esperava da vida. Seus filhos não moram perto o suficiente, parecem não visitá-la com freqüência, ela gostaria de ter ainda mais dinheiro, e seu casamento não lhe dá o afeto que desejava. A ingratidão para ela é uma espécie de profecia que se auto-realiza, porque, quanto mais se queixa, mais sozinha e isolada fica, pois os amigos e a família vão se cansando de suas lamentações.

Para mim essa mulher é um exemplo vívido de como as expectativas podem nos cegar, impedindo-nos de ver as bênçãos verdadeiras em nossas vidas. As expectativas são assassinas da gratidão e da alegria: se você esperava viver no Buckingham Palace, sua casinha aconchegante vai lhe parecer horrível; se você esperava que seu filho se tornasse médico, não vai conseguir admirá-lo por ter se tornado um ótimo professor de ginástica; se você só pensa em ter um BMW, vai se sentir diminuído em seu confiável e valente Toyota.

Ter esperanças, sonhos e visões para o futuro é uma coisa, pois é importante estabelecer objetivos e planos que direcionem nossas vidas. Mas é preciso cuidar para que essas expectativas não nos impeçam de apreciar o que temos aqui e agora. Não podemos desperdiçar a beleza que existe no presente, ansiando por uma vida perfeita e idealizada.

Se esperamos que alguém ou alguma coisa fora de nós nos faça felizes, perdemos nosso poder. A verdade é que só podemos contar com nós mesmos para decidir o que fazer com aquilo que nos acontece. Uma das maneiras de reagir à tendência de buscar a felicidade fora de nós é praticar o exercício do *seja lá como for*.

Antes de entrar em determinada situação, pergunte a você mesmo: "O que posso aprender, realizar ou experimentar com isso, *seja lá como for?*" Digamos que você tenha que fazer um discurso e esteja nervoso e inseguro, sem saber como será recebido pela platéia. Seu exercício interno poderia ser: "*Seja lá como for*, quero experimentar uma sensação de paz enquanto estiver falando. Durante o discurso, vou me lembrar de respirar e perceber que estou em paz comigo." Depois, não importa o que tenha acontecido – mesmo que as pessoas tenham parecido entediadas ou que ninguém tenha vindo cumprimentá-lo –, você vai poder se sentir feliz por ter sustentado o compromisso com você mesmo de manter a sensação de paz.

Quando praticamos o exercício do *seja lá como for*, nos libertamos das expectativas externas e ficamos livres para escolher o que vai nos fazer felizes.

# Desenvolva uma boa memória

*A gratidão é a memória do coração; então*
*não se esqueça de dizer sempre:*
*tenho tudo o que sempre quis.*
LYDIA CHILD

Às vezes a vida é tão cheia de desafios e tão dolorosa que fica quase impossível sentir gratidão pelo que está acontecendo. Nesses momentos é muito bom ter uma reserva particular de alegrias e um acervo de boas memórias para confortá-lo enquanto você navega pelas noites escuras da alma.

Uma boa memória não funciona apenas nos momentos realmente difíceis. Ela também ajuda a suavizar os tropeços e turbulências da vida diária, especialmente nos relacionamentos. Se me aborreço com meu marido por alguma coisa, mas consigo me lembrar do maravilhoso pedaço de bolo de chocolate que ele me trouxe de surpresa ontem enquanto eu estava trabalhando, a gratidão por esse gesto ajuda a dissolver o aborrecimento. Uma boa memória também ajuda quando uma colega de trabalho não consegue cumprir um prazo combinado. Se você consegue se lembrar com gratidão das muitas vezes no passado em que ela cumpriu os prazos e até colaborou com você, sua irritação vai se dissipando.

Uma boa memória nos impede de ficar tão envolvidos com o aqui e o agora a ponto de perdermos a dimensão maior de nossas vidas. Não estou sugerindo que devemos negar o sofrimento ou ignorar os problemas, e sim que podemos equilibrá-los com a alegria e a tranqüilidade que a lembrança de determinados momentos, acontecimentos e pessoas nos traz.

Ao olhar para trás, quais são os acontecimentos que você

agradece à vida? Preste atenção no que lhe ocorre primeiro, espontaneamente. Não se trata de fazer uma lista, e sim de se dar conta do que você guardou até hoje na memória afetiva. Estes são os seus grandes momentos de felicidade: o nascimento de um filho, a cura de uma doença grave ou o passeio de mãos dadas com seu ser amado. Sejam lá quais forem, são *seus* momentos preciosos, dos quais você deve se apropriar para saborear de novo, sempre que precisar. E com renovada gratidão.

# Reserve um tempo para sentir o perfume das rosas

*É muito bom ter um lugar aonde ir, mas, afinal, o que importa é a viagem até lá.*

URSULA K. LEGUIN

A prática da gratidão requer que você desacelere sua vida o suficiente para poder perceber o que o cerca. Se passamos o dia correndo, é muito provável que não percebamos as bênçãos do que se encontra próximo de nós. Quaisquer que sejam as circunstâncias, sempre podemos desacelerar o suficiente para tomar consciência e agradecer pelo dom da respiração, da comida que nos alimenta, do livro que estamos lendo, da gentileza de um desconhecido que nos dá passagem no trânsito. Quando paramos pelo tempo necessário para aguçar os cinco sentidos que nos permitem captar o mundo que nos cerca, passamos a não perder a visão de uma estrela cadente, a não deixar de escutar palavras capazes de mudar nossas vidas e a descobrir pequenas violetas azuis escondidas entre as folhas. Assim nossas vidas ficam enriquecidas pela abundância que nos cerca.

Milhões de vezes já nos disseram para parar e não ter pressa, mas logo nos esquecemos. O que pode ajudar a mudar essa atitude?

O truque é usar os acontecimentos do dia-a-dia como gatilho. Em seu livro *A essencial arte de parar*, David Kundtz propõe a prática das Pequenas Paradas. São interrupções breves e intencionais feitas enquanto esperamos o microondas aquecer o leite, aguardamos em uma fila, nos deslocamos de um compromisso para outro ou paramos no sinal vermelho.

Sentado ou de pé, você deve "parar, respirar e lembrar". Pare, sinta a inspiração e a expiração e *lembre-se*. Pense em qualquer coisa que seja importante para você: as pessoas que o amam, aquilo que lhe causa alegria, a paz que você preserva em seu interior, o objetivo da tarefa que está executando naquele momento. São inúmeras as alternativas, mas agradeça por cada uma delas. Depois retome a sua atividade e perceba como está reabastecido.

David sugere que você faça Pequenas Paradas muitas vezes por dia, para desenvolver uma sensação de paz interior e aguçar sua percepção. Qual é o gatilho que funciona melhor para você? Escolha coisas que o fazem parar com mais freqüência. Ou pare deliberadamente no meio de uma tarefa, respire profundamente, relaxe o corpo e pense. O importante é começar a praticar.

# Concentre-se no que está certo

*Agradeça a Deus pelo que não*
*precisa ser consertado.*
JOAN BORYSENKO

Somos todos tão treinados para ver o que está errado nos relacionamentos, nas situações de trabalho ou em qualquer experiência, que facilmente deixamos de perceber o que está certo. Isso não causa surpresa, porque todo o nosso sistema educacional é direcionado para a percepção de falhas e erros: na escola, as respostas erradas são assinaladas, não as corretas. Nos relacionamentos, gastamos muito tempo, energia e dinheiro – muitas vezes com a ajuda de terapeutas – analisando e consertando o que está errado. No trabalho, analisamos nossos fracassos e erros, buscando suas causas obscuras para que não se repitam.

E se fizéssemos o contrário? Como seríamos agora se tivéssemos valorizado todas as respostas certas nas provas? E se em nossos relacionamentos tivéssemos usado a mesma energia despendida na discussão das falhas para admirar os dons e talentos da outra pessoa e a beleza da relação? E se no trabalho gastássemos o mesmo tempo que levamos analisando o que saiu errado para olhar o que está funcionando e pensar em como podemos melhorar?

Um "foco no positivo", como propõe Joan Borysenko, capaz de perceber e valorizar aquilo que *não* precisa ser consertado, é uma ferramenta incrivelmente poderosa para criar conexões, estimular o pensamento criativo e superar obstáculos. Isso ficou muito evidente para mim numa festa em que homenageamos as 12 pessoas que trabalhavam na Editora

Conari. As regras eram simples. Percorremos a sala focalizando uma pessoa de cada vez. Quem quisesse podia falar o que admirava naquela pessoa; ninguém era obrigado a se expressar, ninguém podia interromper e a pessoa focalizada tinha apenas que ouvir, sem fazer comentários.

Destinamos uma hora para esse exercício, mas ele acabou durando três horas, porque havia muita coisa a dizer sobre cada um. As pessoas riram e choraram. No final, fui invadida por uma profunda sensação de companheirismo e sintonia com a equipe. No dia seguinte, a reunião do Conselho Editorial foi uma das mais produtivas que tivemos. Todos deram o melhor de si, com confiança e entusiasmo.

Você pode fazer isso com qualquer grupo – sua equipe de trabalho, sua comunidade da igreja ou sua própria família – e eu acho que você deve experimentar. Foi uma das coisas mais mágicas que já fiz na vida.

# Aceite com boa vontade o que acontece

*Aprendi que, seja lá em que estado eu estiver, estarei contente.*

SÃO PAULO

Certa vez estudei com um grupo que acreditava que a vida exerce uma força ativa sobre o indivíduo. Eles afirmavam que havia três círculos de influência sobre cada pessoa: ela mesma, os outros e a própria vida. Os três estão interconectados e se interpenetram: assim como você influencia e é influenciado por quem o cerca, a vida também o influencia e é influenciada por você. (Muitas pessoas acreditam que Deus opera da mesma forma.)

Achei essa idéia muito tranqüilizadora. Em vez de me sentir sozinha num universo hostil e aleatório que me traz problemas inesperados, eu podia experimentar algum conforto sentindo uma relação de mão dupla entre mim e a vida. Isso podia significar também que havia alguma razão para certas coisas acontecerem e outras, não. E tornava mais fácil sentir alegria com o que acontecia em minha vida, em vez de estar sempre ansiando por alguma outra coisa.

É importante cultivar essa alegria, porque a vida tem um modo muito inesperado de se apresentar. Queremos um gato persa, mas é um vira-lata que aparece em nossa porta; queremos um bebê, mas descobrimos que somos estéreis; queremos aquele emprego fabuloso, mas outra pessoa é escolhida; queremos casar com o homem dos nossos sonhos, mas só conseguimos nos envolver em vários relacionamentos curtos. Se não formos capazes de acolher o que acontece, nunca vamos aprender nada com as lições que a vida está tentando nos ensinar. Nunca vamos poder amar o bichinho que apareceu, nem adotar um bebê, nem ficar disponíveis para um trabalho ainda melhor do que aquele que perdemos, nem aprender as qualidades necessárias para estabelecer um relacionamento duradouro.

Somente sentindo gratidão pelo que acontece é que podemos sentir alegria, e é essa alegria que nos faz felizes no momento em que as coisas acontecem – e disponíveis para o que a vida ainda guarda para nós.

Experimente o seguinte exercício durante uma semana. No seu dia-a-dia, quando acontecer alguma coisa que não lhe agrada, pergunte a si mesmo: "Se tudo o que acontece está certo, de que maneira isso também está?" O que há de *certo* na briga entre você e sua mãe, na sua dor nas costas ou numa discussão acalorada? Sem negar o que há de errado, pergunte a você mesmo qual a função daquele acontecimento. Talvez a briga com sua mãe indique que você está aprendendo a dizer não; talvez a discussão acalorada mostre que você está muito estressado, e a dor nas costas sirva para lembrar que seu corpo precisa de um pouco de exercício. Volto a dizer: não se trata de negar, suprimir ou ignorar a dificuldade ou a dor que você está sentindo, mas de compreender o significado do sofrimento para que a lição não precise ser aprendida de novo. No final da semana, reflita sobre a experiência. Quais foram as mudanças que essa busca de sentido dos acontecimentos provocou em você?

# Procure as bênçãos escondidas nas situações difíceis

*Certa vez algumas pessoas trouxeram um cego até Jesus e lhe perguntaram: "Rabino, quem pecou, este homem ou seus pais, para que ele nascesse cego?" Todos queriam saber por que esse terrível flagelo havia caído sobre aquele homem. E Jesus respondeu: "Isso não aconteceu porque esse homem ou seus pais pecaram, e sim porque as palavras de Deus se manifestaram nele." Ele lhes disse que não procurassem a causa do sofrimento, e sim o que o sofrimento poderia lhes ensinar.*

WAYNE MULLER

Vamos aprofundar o tema tratado no texto anterior.

A gratidão é uma experiência muito abrangente. É um engano sentir gratidão apenas pelas coisas boas que acontecem e esquivar-se das más. Isso não quer dizer que devemos desejar que coisas ruins aconteçam, e sim que, quando conseguimos sentir gratidão pelas lições espirituais existentes nas dificuldades que se apresentam, nossas almas crescem e amadurecem. Caso contrário, nunca progrediremos, porque perdemos a chance de usar os sofrimentos que nos atormentam para nos tornarmos mais amorosos, pacientes e bondosos.

As pessoas que mais admiro afirmam, todas elas, sem exceção, que as provas mais duras que tiveram que enfrentar – o câncer, a morte de um filho, a falência ou o desemprego – foram suas grandes professoras, e que elas eram gratas pelo que aprenderam. Para mim, a grande lição foi lidar com uma dor crônica.

Quando eu estava na universidade, machuquei minhas costas. Foi a primeira vez que meu corpo me traiu. Até então, eu o considerava um invólucro prático que me transportava para onde eu queria ir. Quando fui obrigada a enfrentar seus limites, tive que prestar atenção nele. Cheguei a passar mais de um ano de cama.

Lá se foram 20 anos, e minhas costas continuam sendo minhas grandes professoras. Aprendi muito sobre paciência (uma lição difícil para mim) e impermanência (o fato de doer desesperadamente hoje não significa que amanhã vai doer também). Aprendi o valor da disciplina física ("Está sem tempo para aqueles exercícios chatos para as costas?", diz o meu corpo. "Depois você vai ver o que acontece!"). Aprendi a reconhecer e respeitar meus limites, e também que "fazer tudo certo" não garante que eu me livre da dor. Aprendi a aceitar a presença dela e saber que, apesar disso, continuo existindo, mesmo quando não há nada a fazer. Talvez eu pudesse ter aprendido tudo isso de outra forma, mas a verdade é que a dor crônica foi minha professora – e sou grata pelas lições, apesar da dor.

Agora escreva as 10 coisas mais terríveis ou dolorosas que já lhe aconteceram e reflita sobre elas. Você consegue perceber os benefícios que cada uma lhe trouxe?

O professor de metafísica Daniel T. Peralta sugere a seguinte oração para quando você estiver passando por uma dificuldade cujo benefício seja invisível: "Quero entender a bênção que existe nessa experiência. Peço que as lições me sejam reveladas e contribuam para eu me tornar mais forte e mais sábio."

# Ensine a gratidão a seus filhos

*Celebre tudo aquilo que você deseja ter em maior quantidade.*

TOM PETERS

Muitos fatores na educação das crianças podem contribuir para bloquear o sentimento de gratidão. Um dos mais fortes é o sentido de obrigação – os "você deve" – de que fomos vítimas. Temos a tendência de nos rebelar contra as formalidades de uma educação mais cerimoniosa que nos obrigou muitas vezes a agradecer contra a vontade. Isso pode nos impedir de ensinar a nossos filhos formas espontâneas de entrar em contato com o sentido verdadeiro da gratidão e de expressar esse sentimento.

Outro fator que contribui para o bloqueio é a exploração do sentimento de culpa. Quantas vezes nos disseram que *devíamos* comer tudo porque havia crianças morrendo de fome, ou que *devíamos* agradecer pela escola que freqüentávamos porque muitos eram privados de uma educação de qualidade. Esse tipo de comentário, como já falei, só serve para gerar culpa, e esta nos faz evitar a qualquer custo aquilo que a provocou.

O que pode então ajudar a desenvolver uma atitude de gratidão nas crianças? As mesmas coisas que funcionam com os adultos: manter o foco no que é positivo e ter consciência dos dons e benefícios recebidos, com alegria, sem sentimento de culpa.

Sugiro que todas as noites você siga o seguinte ritual quando for colocar seus filhos na cama: depois de ler um pouco para eles, reserve pelo menos três minutos e peça que lhe contem uma coisa que tenham feito que lhes deu satisfação, ou algo que outra pessoa tenha feito pela qual ficaram agradecidos. Faça com que lembrem o que lhes deu alegria no correr do dia: um céu azul que permitiu que brincassem ao ar livre, uma flor que nasceu no jardim, a chuva que alimentou as plantas. Isso desenvolverá a sensibilidade deles para o que há de positivo no mundo, e o conseqüente sentimento de gratidão. Se tiverem dificuldade de encontrar algo que os alegrou, ajude-os a lembrar. Quanto mais você ajudar seus filhos a focalizar a atenção nas belezas que os cercam, naquilo de que gostam neles mesmos e nos mais próximos, mais será capaz de torná-los pessoas otimistas, cheias de esperança e alegria.

# Dedique este momento

*É melhor dar do que receber.*
*Atos 20:35*

Um dos melhores efeitos do sentimento de gratidão é o desejo de espalhar alegria. Você tem consciência de ter recebido alguma coisa maravilhosa, e num transbordamento espontâneo do coração quer que os outros compartilhem sua riqueza. Há muitas maneiras de fazer isso, desde pequenos atos espontâneos de delicadeza, como dar passagem a um carro no cruzamento, até doações de caridade.

Uma de minhas maneiras favoritas é o que chamo de "Dedico este momento". Quando estiver desfrutando intensamente alguma coisa e sentindo-se agradecido por ela, envie a energia positiva desse momento para alguém que esteja precisando. Conheço pessoas que já mandaram momentos felizes de dança para pessoas que sofrem de paralisia, momentos de liberdade para os presos e momentos de reivindicação por seus próprios direitos para vítimas de abusos. Você pode mandar a energia de qualquer experiência positiva que lhe provoque gratidão. Sempre peço a meus amigos que, enquanto estou trabalhando, transmitam para mim a energia relaxada e feliz dos momentos passados numa praia. Por minha vez, tento transmitir a gratidão que sinto por ter uma tarefa interessante para aqueles que não gostam do seu trabalho.

"Dedico este momento" funciona a partir do princípio de que tudo está, de alguma forma misteriosa, interligado, e que o que acontece com alguns pode afetar outros de várias maneiras. Aqueles que costumam rezar acreditam que a energia positiva gerada pela oração pode realmente melhorar a saúde e o bem-estar de outra pessoa. Aliás, a eficácia da oração foi verificada através de estudos que mostraram que, ao rezar, as pessoas são capazes de afetar o crescimento de bactérias e de mofo em laboratório. As bactérias e o mofo que recebiam as orações cresciam mais e mais abundantemente do que os demais.

Os efeitos da energia positiva enviada através do espaço e do tempo ainda não foram estudados o suficiente para serem aceitos sem reservas pelo pensamento científico. Mas será que precisamos esperar por provas para experimentar? Não há qualquer prejuízo, e certamente seria maravilhoso se pudéssemos ajudar os outros com o nosso sentimento de gratidão.

# Agradeça por seu corpo

*Apenas existir já é uma bênção.*
*Apenas viver já é sagrado.*
RABINO ABRAHAM HERSCHEL

Essa prática é especialmente difícil para mulheres, porque nossa relação com o corpo é cheia de problemas e insatisfações. A mídia reforça uma imagem feminina tão impossível, e dá tanta ênfase à aparência, que nenhuma de nós, nem mesmo as que preenchem a maioria dos quesitos, sai ilesa. Distúrbios alimentares, cirurgias plásticas, bilhões gastos em roupas e maquiagem – todas nós sabemos o preço que se paga por essa imposição. E tudo indica que a obsessão está se espalhando entre meninos e homens, com implantes de bíceps e panturrilhas, reposição capilar, plásticas faciais e uso de esteróides para aumentar a massa muscular.

Nada me ajudou tanto a superar essa questão quanto o livro do fotógrafo Francis Scavullo sobre as mulheres mais lindas do mundo. São páginas e mais páginas de mulheres de tirar o fôlego, acrescidas de comentários das próprias mulheres. Nenhuma estava satisfeita com a própria aparência. Todas se queixavam de alguma coisa: o nariz comprido demais, o cabelo muito fino, a boca muito grande... Foi aí que resolvi parar de uma vez por todas de me queixar do meu corpo. Se as mulheres mais lindas do mundo não conseguiam se sentir satisfeitas, era melhor eu desistir.

A verdade é que, seja lá qual for nossa aparência, são nossos corpos que nos mantêm vivos, e só por isso merecem nosso apreço.

Meu amigo Andy Bryner me dá excelentes lições sobre

como viver dentro de um corpo. Quando está praticando ioga, ele agradece especificamente a cada parte do corpo pelo que está fazendo. Quando estica a perna, por exemplo, diz algo como "Obrigado, perna, por ter me sustentado tão bem quando fiz minha caminhada hoje de manhã. Admiro a sua elasticidade. Talvez um dia você não seja mais capaz de se alongar tanto, por isso é um prazer que hoje você consiga". À medida que vai fazendo o alongamento, ele expressa em detalhes o que aquela parte do corpo fez por ele naquele dia.

Experimente essa prática na próxima vez em que for se exercitar. Ou faça-a em sua cama, à noite. Agradeça ao seu corpo devagar, parte por parte, por dentro e por fora: rins, fígado, pulmões, estômago, braços, olhos, pescoço, dedos dos pés. Pense no que cada um deles faz e em como executa bem o seu trabalho.

# Honre seus professores

*Seja lá o que você tenha realizado, alguém o ajudou.*
ALTHEA GIBSON

Quem lhe ensinou mais coisas na vida? Seu professor da quarta série? Um professor da universidade? Sua esposa? Um terapeuta? Um amigo? Ou todos eles?

Como nos lembra a grande tenista Althea Gibson, não importa quem sejamos ou o que tenhamos feito, sempre houve pessoas que nos ajudaram ao longo do caminho. Pode ter sido com uma palavra encorajadora no momento certo, ou com uma observação que nos permitiu compreender melhor nossos impulsos, com um incentivo que nos fez progredir, com um empréstimo em dinheiro para darmos início a um projeto. Nossa cultura é tão individualista e competitiva que fica fácil esquecer que literalmente não realizamos nada sem a ajuda dos outros.

Algumas vezes a ajuda não vem da maneira que gostaríamos. Talvez seus maiores professores tenham sido as pessoas que lhe deram um exemplo negativo ou representaram um obstáculo contra o qual você teve que se rebelar. E seus maiores professores podem não ser necessariamente pessoas: alguns aprenderam mais com os animais, outros com um grande desafio, como uma deficiência física, uma falência ou uma doença. A autora Carol McClelland, por exemplo, diz que o colapso nervoso que sofreu depois da morte de seu pai desencadeou toda uma mudança interna que, afinal, fez dela uma escritora.

Reconhecer a ajuda que recebemos ao longo da vida – não importa de que forma ela tenha acontecido – permite que nossos corações soem como uma orquestra afinada, e não um violino solitário. Quando admiramos aqueles que foram nossos maiores professores, não só expressamos gratidão pelos ensinamentos recebidos, como passamos a perceber nossas vidas como uma jornada em direção ao que somos destinados a ser, e que nesse caminho várias pessoas e circunstâncias nos ajudaram.

Reserve um tempo hoje para pensar nos seus maiores professores. Gosto especialmente de fazer essa proposta a um grupo de amigos ou pessoas da família reunidos ao redor da mesa de jantar, por exemplo. É um modo maravilhoso de descobrir novidades sobre aqueles que fazem parte de sua vida – nesses momentos algo interessante, profundo ou comovente sempre é revelado – e de sentir-se conectado aos outros. Homenagear seus professores em voz alta, diante de outras pessoas, é algo que fortalece o sentimento de gratidão e felicidade por tudo o que você recebeu.

# Honre seus antepassados

*Não há nenhuma casa como*
*aquela a que pertencemos.*
DAVID WHYTE

Quando eu era jovem fantasiei muitas vezes que era uma figura mítica, sem qualquer relação com meus pais, numa tentativa de buscar independência e de negar minha herança genética. Levei muito tempo para me dar conta profundamente de que, apesar de ser uma pessoa única e original, sou também a filha de meus pais e, bem ou mal, mais parecida com eles do que jamais imaginei.

Isso é um paradoxo. Somos almas singulares e insubstituíveis que estão aqui para realizar seus objetivos, mas, ao mesmo tempo, somos o resultado inevitável de nossos pais e de seu legado físico e emocional. Somos o resultado milagroso do encontro exclusivo de um espermatozóide com um óvulo, herdeiros de uma combinação particular de duas cadeias de DNA. Nossa personalidade única decorre não só desse DNA, como de todas as experiências vividas e dos hábitos que aprendemos com nossos pais, sobretudo na infância. Com nossos pais aconteceu o mesmo. Eles também são herdeiros dos genes e das circunstâncias criadas por seus pais, que por sua vez também os herdaram dos seus, numa cadeia infinita que se perde no tempo. Por isso, muito concretamente, somos o produto de todos aqueles que nos precederam.

Como muitos viveram circunstâncias sofridas ou difíceis na infância, é freqüente encontrarmos duas atitudes: a dos que negam a conexão com aqueles que os antecederam e a dos que culpam essas circunstâncias e os próprios pais por tudo o que acontece em suas vidas. Nos dois casos, ficamos paralisados – ou repetindo o passado por não conseguir compreendê-lo, ou repetindo-o por não conseguir superá-lo e crescer.

Mas quando abrimos um espaço para realmente agradecer a nossos antepassados, procurando entendê-los no contexto em que viveram, e atribuindo-lhes a exata responsabilidade que realmente têm, ficamos libertados. Conseguimos usar as lições que eles nos ensinaram (mesmo que tenham sido exemplos negativos) e evoluir para além da herança recebida, reivindicando o lugar a que temos direito neste mundo. Desse modo, passamos a reconhecer uma profunda conexão e a habitar plenamente "a casa a que pertencemos".

Dawna Markova ensina um exercício maravilhoso para ajudar nessa tomada de consciência: "Olhe para a palma de sua mão. Thich Nhat Hanh diz que se você olhar para ela profundamente nunca vai se sentir sozinho. Cada célula de sua mão é feita do material genético transmitido por seus pais. Quer você os adore ou os despreze, eles estão presentes na palma de sua mão. Se mantiver seu olhar, vai conseguir ver também seus avôs e avós e, mais longe ainda, seus ancestrais. Você pode ouvi-los sussurrando em seu ouvido: 'Vá em frente! Talvez você seja capaz de superar as limitações que sofremos e realizar nossos sonhos.'"

Honrar a conexão com nossos antepassados nos dá um sentimento de pertencimento e de completude.

# Mande cartões de bons votos

*Por mais de 30 anos minha família preferiu mandar cartões de Ação de Graças para os amigos, em vez de cartões de Natal. Quisemos dessa forma espalhar a gratidão que sentíamos por todas as bênçãos que a vida nos deu.*

JOHN MARKS TEMPLETON

Que ótima idéia! Em vez de mandar um cartão com uma saudação formal, que tal mandar uma mensagem de fim de ano relacionando as coisas pelas quais você se sente grato? Não seria gostoso abrir a caixa do correio e encontrar o cartão de uma amiga agradecendo por você fazer parte da vida dela? Não seria maravilhoso se fosse você a pessoa que mandou essa carta?

Seja qual for a ocasião ou o motivo – Dia de Ação de Graças, Natal ou aniversário –, comece a expressar seus sentimentos de afeto e gratidão. Todos nós somos carentes do sentimento de comunhão gerado por uma manifestação afetiva calorosa. Richard Louv, colunista do jornal *San Diego Union Tribune* e autor de *The Web of Life* (A rede da vida), certa vez escreveu um texto sobre uma família que, em vez de presentes de Natal, costumava trocar cartas afetuosas enumerando as razões pelas quais a pessoa que recebia a carta era amada e valorizada. Foi sua coluna de maior sucesso. "Decidi que minha família também tinha que entrar nessa onda", ele escreveu em *The Web of Life*.

E prosseguiu: "Minha lista para Kathy, com quem estou casado há 17 anos, incluiu: 'Você deu à luz nossos filhos amados. Você se envolve profundamente com seus pacientes no trabalho. Você é uma pessoa íntegra em todos os aspectos de sua vida. Confio em você. Você cuidou de mim e de minha mãe quando ela estava morrendo. Você recolhe sem reclamar as roupas que jogo no chão. Você me ensinou os pequenos prazeres de uma vida simples. Você me fez descobrir livros que eu jamais leria. Adoro o cheiro das suas roupas. Adoro até o seu rosto coberto de creme...'"

Ele conclui: "Fico ansioso para mandar essas listas e receber as minhas. Tente a experiência com sua família. É só uma sugestão, mas garanto que vale a pena. A vida é curta."

# Agradeça antes das refeições

*Antes de provar qualquer coisa, faça uma prece.*
Rabino Akiva

Como todas as meninas educadas na religião católica, sempre rezei antes das refeições. Depois que me afastei da igreja, abandonei esse hábito. Já que eu não acreditava mais em "Deus", por que agradecer? Num Dia de Ação de Graças, 25 anos depois, vi como minha atitude era tola. Mesmo que Deus não existisse –, eu já não estava mais tão segura disso – era bom tomar consciência de que minha refeição era fruto do trabalho de muita gente. O resultado dessa descoberta foi *A Grateful Heart: Daily Blessings for the Evening Meal from Buddha to the Beatles* (Um coração grato: orações diárias para o jantar, de Buda até os Beatles). Nesse livro, reuni 365 maneiras de agradecer, sendo muitas delas orações em moldes pouco tradicionais.

Ao escrever o livro, aprendi muitas coisas. Uma delas foi como era importante, para mim pelo menos, dizer alguma coisa diferente a cada dia (ou quase a cada dia). Como a oração de minha infância era sempre igual, acabava perdendo o sentido por causa da repetição. A variedade me mantém atenta ao significado.

O principal foi que descobri a importância de um ritual diário de agradecimento que nos mantenha em estado de admiração. Esse ritual não deve acontecer só nas refeições, mas em diferentes momentos, como na hora de acordar e de dormir. Ao fazer o exercício em determinado horário, você habitua seu coração, e fica mais fácil cultivar a gratidão ao longo do dia.

Sozinho ou acompanhado, acho que vale a pena você experimentar agradecer antes das refeições. Um dos benefícios mais importantes da gratidão é fortalecer a sensação de comunhão. E comer é algo que todos os seres vivos fazem. Quando nos alimentamos com atenção e gratidão, fortalecemos nossa comunhão com a vida, porque tomamos consciência de todos os seres que morreram ou colaboraram com seu trabalho para que nos alimentássemos.

É uma prática que também fortalece nossa comunhão com os outros. Quando, em vez de comer em frente da TV, enfiando mecanicamente os alimentos na boca, a família se senta em torno da mesa e reza antes da refeição, seus integrantes se conectam uns com os outros e se unem ainda mais. Na hora de fazer o agradecimento, vocês podem se revezar, lendo algum texto, falando espontaneamente ou recitando uma oração familiar. O importante é que, ao agradecer antes das refeições, vocês reconheçam que estão juntos, fazendo parte de algo maior.

# Diga "muito obrigado" sempre que possível

*Vamos sentir a magia dessas duas palavras tão pequenas e tão grandes: "muito obrigado".*

ARDATH RODALE

Essa prática é muito simples. Basta dizer "muito obrigado" o mais possível. Muito obrigado ao funcionário do pedágio, por receber seu dinheiro. Muito obrigado a seu colega de trabalho, por lhe oferecer biscoitos. Muito obrigado a seu amigo, por ter ligado naquele sábado tenebroso. Basta isso – não é preciso explicar longamente por que você gostou tanto. Só um simples "muito obrigado".

Na verdade, essa resposta convencional que aprendemos na infância tem um peso significativo. Como mostra Daphne Rose Kingma em seu livro *True Love* (Amor verdadeiro): "Ao dizer [muito obrigado] (...) estabelece-se em nossa mente a idéia de que algo nos foi dado (...) cria-se uma atitude interna de otimismo (...) e fortalece-se o caráter (...) desenvolvendo uma visão positiva do mundo."

Em outras palavras, quando dizemos "muito obrigado", tomamos consciência de que recebemos algo naquele momento, o que nos ajuda a lembrar que coisas boas nos acontecem e que nossas necessidades serão atendidas.

É uma prática que gera efeitos maravilhosos nas pessoas que recebem o agradecimento, pois elas se certificam de que seus esforços – quaisquer que tenham sido – foram reconhecidos e apreciados. Há em todos nós uma absoluta necessidade de reconhecimento. Muitos profissionais me afirmaram que sua motivação vinha tanto da valorização do seu trabalho quanto do dinheiro que recebiam.

Dizer "muito obrigado" também estimula a repetição de determinado comportamento. Isso não significa que vamos fazer alguma coisa só para que nos agradeçam, mas que o fato de agradecerem dá vontade de repetir o que fizemos. Eu me dei conta disso recentemente, quando levei rosas do meu jardim para o escritório e coloquei uma na escrivaninha de cada colega de trabalho. Apenas uma pessoa deixou de me agradecer, e percebi que meu desejo de repetir aquele gesto para com aquela pessoa passou a ser bem menor do que com as outras. Não fiquei ressentida, mas simplesmente achei que, se ela não tinha gostado, não havia razão para dar-lhe outra rosa.

Num artigo recente no *Prevention*, Ardath Rodale sugere que seus leitores contem os "muito obrigados" ditos ao longo de um dia. Achei uma grande idéia. Então, hoje mesmo, experimente contar seus "muito obrigados". Esse número vai aumentar pelo simples fato de você prestar atenção nisso.

# Deixe um rastro de felicidade

*Apreciar torna imortal tudo o que é melhor e mais belo... Exalta a beleza do que é belo... Tira o véu da familiaridade do mundo e deixa revelada e nua a beleza adormecida que está no espírito de suas formas.*

PERCY BYSSHE SHELLEY

Joel e Michelle Levey são duas das pessoas mais cheias de alegria que conheço. Eles parecem ter um brilho interior que irradia vitalidade e amor. Uma de suas mais encantadoras qualidades é a maneira linda de agradecer qualquer coisa que se faça por eles. Li a carta que mandaram para a editora que os ajudou no lançamento de seu livro mais recente. O agradecimento era tão eloqüente e pessoal que ela chorou. Quando lhes falei sobre isso, disseram-me que tinham criado o hábito de agradecer por escrito às pessoas que os tratavam bem. E também comunicam ao chefe da pessoa, quando se trata de uma relação profissional, como ficaram gratos com o atendimento recebido.

A conseqüência dessa prática é que, por onde quer que passem, Joel e Michelle deixam um rastro de alegria: do agente de viagens da *Alaska Airlines* à garçonete que os serviu com um sorriso nos lábios e o mecânico que consertou o carro. Seus olhos estão sempre abertos para a dádiva presente nas situações mais comuns e, ao agradecer às pessoas por essas dádivas, eles lhes revelam o que há de especial nos gestos mais simples.

Você não precisa necessariamente mandar cartas (ainda que um cartão ou uma carta sejam particularmente significativos hoje em dia, quando a caixa do correio parece receber apenas propagandas e contas). Um telefonema ou um e-mail também são muito bem-vindos.

Conheço uma pessoa que periodicamente, sem nenhum motivo especial, telefona para os amigos e a família só para dizer como gosta deles. Ela não faz isso por carência, para receber amor, mas por uma transbordante sensação de gratidão por eles existirem em sua vida. Como era de se esperar, essa pessoa é muito querida.

Muitas vezes penso em fazer isso – sei que é uma ótima idéia –, mas nunca encontro tempo, e vou adiando. Se você se sente assim, que tal escrever agora um cartão, mandar um e-mail ou dar um telefonema? Pare um instante e faça isso. Vai ver o bem que lhe faz dar alegria a alguém.

# Escreva um “muito obrigado” para você mesmo

*A obrigação mais importante do ser humano é despertar para a compreensão do seu “eu” e conhecer a grandeza de seu próprio interior. Só quando nós atribuímos nosso verdadeiro valor podemos reconhecer o dos outros.*

SWAMI MUKTANANDA

Você é fascinante, original e único. Você tem pensamentos singulares, se expressa de uma maneira que é só sua e se relaciona com sua família e seus amigos de um modo que só você sabe fazer. Mas aposto que está muito pouco consciente de sua beleza, de sua sensibilidade e de sua envolvente maneira de ser. Como acontece com quase todos nós, elas lhe parecem muito naturais, e você tem dificuldade de perceber como é maravilhoso.

Por essa razão é tão bom ter amigos: eles nos fazem tomar consciência do que temos de especial. Eu não sabia que tinha senso de humor até o dia em que meu amigo Rick declarou que eu era a pessoa mais engraçada que ele conhecia. Eu fazia graça sem me dar conta. Outros podem achar muito natural a atenção carinhosa que são capazes de dar, a criatividade que possuem ou a perfeição com que executam suas tarefas. Qualquer que seja nosso dom, é bem provável que ele nos passe despercebido.

Ao praticarmos regularmente a gratidão, vai ficando mais fácil agradecer as coisas fora de nós – como o amor que recebemos, a amizade, um sorriso e os alimentos –, mas corremos o risco de esquecer de voltar a apreciação para nós mesmos.

Todos temos esplêndidas qualidades e, quando tomamos posse delas, aumentamos o sentimento de gratidão e diminuímos a tendência de só perceber nossas falhas e imperfeições.

Sentir gratidão pelas próprias qualidades é uma das maneiras de aprender a amar a si mesmo. A partir desse amor por nós, passamos a nos sentir merecedores do amor dos outros e a ser capazes de estabelecer relacionamentos sólidos e saudáveis. Quando nos achamos merecedores de amor, podemos amar mais livremente e deixar de ser exageradamente carentes, possessivos ou hostis.

Experimente hoje escrever um bilhete de agradecimento a você mesmo. Pode ser por qualquer uma das qualidades pelas quais você se sinta grato – por exemplo, ser um bom amigo, trabalhar com afinco ou ter gosto para decorar sua casa. Tente pensar no maior número de qualidades, sem falsa modéstia, alegrando-se com seus talentos. Percebe como um sorriso aparece em seu rosto?

# Continue se apaixonando

*Escolha seu amor. Ame sua escolha.*

PROVÉRBIO ALEMÃO

Por que somos tão bondosos, tolerantes e amorosos com pessoas que mal conhecemos e tão exigentes, frios e mesquinhos com as pessoas mais próximas? De alguma forma, por causa do convívio diário, os aspectos da pessoa amada que tanto nos atraíram quando a conhecemos vão se tornando invisíveis, enquanto as falhas e imperfeições parecem crescer. Nós nos concentramos de tal forma nas expectativas frustradas em relação aos nossos companheiros, que não conseguimos ver a bela pessoa que está disponível ao nosso lado.

Conheci uma terapeuta que afirmou ter descoberto uma maneira totalmente nova de melhorar relacionamentos. Em vez de aconselhar casais, pais ou filhos a falarem uns para os outros de seus problemas, ela obteve resultados mais significativos ao sugerir que cada um mandasse um pensamento amoroso de gratidão para o outro sempre que se sentisse com raiva ou aborrecido com ele. Experimentei reproduzir isso em minha casa. Quando estava quase dizendo a meu marido "Por que você não fala alguma coisa interessante?", eu tentava me concentrar em algo na personalidade dele que me fizesse sentir gratidão: "Adoro a maneira gentil com que ele trata as pessoas", por exemplo. Foi impressionante como tudo mudou. Ele se tornou mais interessante e amoroso. Não sei se isso aconteceu porque mudei minha atitude ou se minha admiração fortaleceu aquelas qualidades nele. Não tenho certeza. E, francamente, isso não importa. O importante é que admirar o bem faz com que ele floresça.

Prestar atenção no que se ama é um hábito que qualquer um pode adquirir. O hipnoterapeuta Milton Erickson ensinava essa prática. Ele dizia que podia fazer qualquer um gostar e deixar de gostar de qualquer pessoa. O procedimento é o seguinte: olhe para a pessoa e descubra cinco coisas que você não suporta nela, como o jeito de rir, o cheiro, a maneira como ela humilhou alguém, o barulho que faz quando come, a bagunça que deixa no quarto. Depois descubra cinco características que você ama: o formato de suas mãos, sua expressão risonha e afetuosa, sua generosidade, seu senso de humor, sua maneira de falar com os filhos. Durante uma semana, cada vez que você conhecer alguém, repita esse exercício. Logo você vai descobrir que é capaz de mudar seus sentimentos em relação a qualquer um, conforme o lado que se escolher focalizá-lo.

Usem essa capacidade em casa. Tornem-se especialistas em mudar do negativo para o positivo quando perceberem que estão ficando irritados com seus parceiros. E vejam o que vai acontecer em suas vidas.

# Goste de seus filhos como eles são

*Obrigado por você existir.*

SAUDAÇÃO TRADICIONAL DA TRIBO DOS SÊNECAS

Como pais, podemos ficar tão preocupados com o desempenho que esperamos de nossos filhos que nos esquecemos de apreciá-los pelo que são. Isso é verdade especialmente no mundo competitivo em que vivemos. Queremos o melhor para nossos filhos: que brilhem na escola, sejam excelentes nos esportes e tenham bons amigos. Desejamos que entrem numa boa universidade, façam um casamento excelente e sejam ótimos pais. Concentrados nas maravilhas que queremos para eles, corremos o risco de nos preocuparmos excessivamente com suas falhas, insuficiências e lacunas. "Se pelo menos Johnny conseguisse ler bons livros...", "Se Cláudia não fosse tão irrequieta...", "Se Iolanda não fosse tão tímida..."

Em sua maioria, as escolas ajudam a reforçar essa fixação no negativo, pois tornaram-se especialistas em diagnosticar problemas e fixar rótulos: hiperativo, com déficit de atenção, desmotivado, resistente... Ouvimos tanto falar das falhas de nossos filhos que nosso amor e apreço por eles correm o risco de ficar afetados.

Minha amiga Molly tem seis filhos, com idades entre 8 e 25 anos. Apesar de terem personalidades muito diferentes, todos possuem uma saudável auto-estima. Cada um está desabrochando no que tem de especial. Saem-se bem na escola – uns melhores do que outros –, fazem esportes – uns melhores do que outros; e têm amigos – uns mais do que outros. É uma família em que todos se gostam muito. Quando vejo Molly interagir com os filhos, entendo a razão disso. Ela faz cada um sentir que é maravilhoso exatamente do jeito que é. Não há comparação entre os irmãos nem pressão para um desempenho melhor. Apenas um afetuoso incentivo para o crescimento de cada um, dentro de suas características próprias.

E se saudássemos nossos filhos como a tribo indígena dos sênecas, dizendo "Obrigado por você existir" quando eles acordam de manhã ou vão dormir à noite? Que mudanças ocorreriam dentro deles ao sentirem nossa gratidão pelo simples fato de existirem? O que mudaria em nós?

# Viva cada dia como se fosse o último

*Buda disse que a sorte muda como o movimento do rabo de um cavalo. Pode ser que amanhã você sofra um acidente e fique tetraplégico... Quanto mais você se abrir para a vida, menos a morte será sua inimiga. Quando você começa a usar a morte como um meio de se concentrar na vida, cada momento passa a ser real, uma oportunidade extraordinária de estar realmente vivo.*

STEPHEN LEVINE

Certo ou errado, às vezes a única maneira de acordarmos para a beleza de nossas vidas é a possibilidade de não estarmos mais aqui na Terra. Esta é uma das razões pelas quais os budistas contemplam a própria morte – para despertar para a alegria existente no agora.

Se este fosse seu último dia na Terra, você se aborreceria com a bagunça em sua casa ou com a flacidez de suas coxas? Aposto que não. Acho que você usaria esse tempo para contemplar o sorriso do seu bebê, o perfume das flores de seu jardim ou a sensação da brisa acariciando o seu corpo. Se hoje fosse o último dia da vida de alguém que você ama, não o desperdiçaria discutindo sobre quem deveria levar o lixo para fora, ou querendo provar que tem razão. É mais provável que gastasse esse tempo dizendo a seus entes queridos quanto os ama e como é grata por tudo o que fizeram por você.

A verdade é que hoje pode perfeitamente ser seu último dia na Terra, porque o futuro nunca está garantido. Muita gente sai de casa alegremente de manhã e não volta nunca mais – vítima de acidente de carro, ataque do coração, tiroteio, queda de avião e outras catástrofes –, de modo que não podemos ter sempre tanta certeza da continuidade de nossa existência.

Viver como se cada dia fosse o último não deve criar ansiedade nem ser uma desculpa para ignorar o lixo que precisa ser tirado de casa, as contas a serem pagas ou a bagunça que precisa ser organizada. É apenas um lembrete para prestarmos atenção na vida e aproveitarmos ao máximo nossa existência diária.

Thich Nhat Hanh desenvolveu uma meditação maravilhosa para isso, chamada "Meditação do abraço". É muito simples: você deve abraçar alguém três vezes, inspirando e expirando conscientemente. Na primeira vez os dois devem pensar que em algum momento ainda não conhecido não vão mais estar aqui. Na segunda vez você concentra sua mente na idéia de que em algum momento desconhecido a outra pessoa não vai mais estar aqui. Na terceira vez você deve sentir profundamente que vocês dois estão aqui, agora, juntos, nesse momento precioso.

Eu procuro fazer essa meditação com meu marido e minha filha sempre que vou precisar me ausentar por algum tempo, mas minha meta é realizá-la todos os dias de manhã, antes de sair de casa.

# 5.
# A JORNADA DE APROFUNDAMENTO

*O que me espanta é que, antes mesmo de*
*aprendermos a contar, nos ensinam a*
*agradecer aos outros pelo que*
*nos fazem. Quando as experiências*
*da vida nos invadem, começamos a sentir*
*gratidão pelo que existe, e se tivermos*
*uma vida suficientemente longa, profunda*
*e autêntica, a gratidão se torna uma*
*maneira de viver.*

MARK NEPO

Espero que a esta altura você já tenha experimentado um pouco da imensa alegria que a gratidão pode trazer, e tenha começado a ver que as atitudes e práticas de gratidão nos levam a uma viagem espiritual. A gratidão começa com a aprendizagem do que chamamos de boas maneiras, um comportamento ensinado para as situações em que recebemos alguma coisa numa transação humana: "A senhora Smith lhe deu um biscoito, Janey. Como é que se diz?" Apesar de esse tipo de agradecimento ser positivo, ele fica restrito às situações em que alguém faz algo específico para nós. Ainda que muitos permaneçam apenas nesse nível de gratidão, nossas almas anseiam por um aprofundamento maior.

Num nível superior, começamos a descobrir uma gratidão que independe de qualquer doador humano específico, diferente da que sentimos quando recebemos um presente de alguém. É quando percebemos que o presente é a própria vida. Esse segundo nível de gratidão é provocado freqüentemente pelo sofrimento, quando trocamos a rigidez e a arrogância pela bondade e o acolhimento que aprendemos com as dificuldades.

Quando permitimos que a vida nos invada sem nos derrotar, começamos a sentir gratidão pelas próprias dificuldades – pelo câncer que nos torna mais sensíveis, pela falência que nos liberta de uma competição medíocre e por uma pessoa exigente que mostra nossa capacidade de superar os limites.

Se praticarmos a gratidão durante um bom tempo, ela passa a nos habitar, e cada inspiração e expiração se transformam em um ato de gratidão, independentemente do que estiver acontecendo no mundo exterior. Poucos viajantes alcançam e permanecem nesse estágio, pois ele é o território dos santos. Mas todos nós somos capazes de ter lampejos dessa experiência. São os momentos em que olhamos para o céu e o vemos como a obra de arte que ele é, quando nos extasiamos com a majestade de uma sinfonia de Beethoven ou quando sentimos no rosto os dedinhos macios de nosso bebê e choramos lágrimas de gratidão por ele existir.

A cada nível de gratidão a capacidade de nossa alma se aprofunda. No primeiro, experimentamos contentamento – queríamos um biscoito e o conseguimos. No segundo, temos a experiência do significado – estamos aqui com um propósito, portanto somos gratos por todas as lições da vida. No terceiro, vivemos em pura alegria, "na simples resposta de nosso coração a este presente que é a vida em toda a sua plenitude", como definiu o irmão David Steindl-Rast.

Espero que você possa experimentar todos os níveis de gratidão e todas as dádivas espirituais que cada um deles oferece. Porque então você poderá dar e receber alegrias em todos os dias de sua vida.

## CONHEÇA OUTRO TÍTULO DA MESMA AUTORA

### *O poder da paciência*

Você encontrará nesse livro várias dicas para diminuir o ritmo, relaxar e encarar a rotina de uma forma mais tranqüila. A paciência nos ajuda a aproveitar ao máximo nossos talentos, a administrar a raiva, a crescer no amor e a usufruir o prazer de cada momento.

Cheio de citações inspiradoras, histórias estimulantes e da sabedoria daqueles que já atingiram seu objetivo, esse livro mostra que a paciência é um hábito e, como tal, deve ser cultivado e exercitado. Só ela é capaz de nos colocar em sintonia com a natureza, conectados ao momento presente e mais focados em nossos verdadeiros desejos.

CONHEÇA OUTROS TÍTULOS DA EDITORA SEXTANTE

## *De bem com a vida*

Arnold A. Lazarus e Clifford N. Lazarus

Se você tem dificuldade para se concentrar no trabalho, se o mau humor está prejudicando sua vida conjugal ou ainda se está tentando emagrecer e não consegue, não se desespere: tudo isso tem solução.

*De bem com a vida* oferece uma série de dicas práticas para você manter as emoções sob controle, resolver os problemas do cotidiano e resgatar a alegria de viver.

Donos de um repertório variado de técnicas, métodos e conselhos sobre como lidar com as questões que afetam o nosso dia-a-dia, os psicólogos Arnold A. Lazarus e Clifford N. Lazarus criaram um guia de leitura simples, em que você pode ler com prazer cada item sem precisar enfrentar textos longos e cansativos.

## *A cada dia um novo começo*

Karen Casey

Toda jornada começa com o primeiro passo, mas é preciso renovar diariamente as energias e as motivações para seguir em frente. Esse livro é um companheiro fiel na caminhada em busca de força para superar desafios e coragem para construir um futuro melhor.

Com mais de 3 milhões de exemplares vendidos em todo o mundo, o livro traz 150 mensagens da autora que, apesar de todas as dificuldades, conseguiu dominar seus medos, vícios e inseguranças e mudar o rumo de sua vida.

## *Peça e será atendido*

Esther e Jerry Hicks

Quando desejamos alguma coisa, é comum ficarmos mais concentrados na *idéia de que não a temos* do que na *vontade de tê-la.* Embora essa seja uma atitude inconsciente, ela é a principal responsável pela dificuldade que temos em alcançar nossos objetivos.

Essa é a idéia principal de *Peça e será atendido,* que nos estimula a identificar nossos verdadeiros sonhos e a criar as condições para realizá-los. A fonte dessas revelações é Abraham, o guia espiritual que inspirou Esther e Jerry Hicks a compartilhar conosco essas valiosas lições.

## *A Lei Universal da Atração*

Esther e Jerry Hicks

A *Lei da Atração* é a mais poderosa força do Universo e tudo o que temos na vida – amigos, relacionamentos, carreira, dinheiro, saúde, emoções – é diretamente influenciado por ela. Por isso, é fundamental descobrirmos de que forma ela atua e, principalmente, como fazê-la trabalhar a nosso favor.

Com base nos ensinamentos do guia espiritual Abraham, *A Lei Universal da Atração* nos ensina a reprogramar nossos pensamentos e direcioná-los para o que de fato queremos, exercendo um controle maior sobre a nossa vida.

## *Os segredos do Pai-Nosso*

Augusto Cury

Conhecemos o mundo que nos cerca, escrevemos centenas de livros sobre o Universo, mas pouco sabemos sobre nós mesmos. Quem somos? Deus é real? Quais os limites do pensamento?

A resposta para essas e outras indagações está em um dos textos mais recitados da história, mas talvez um dos menos compreendidos: o *Pai-Nosso.* Aparentemente simples, essa oração é repleta de reveladores significados sobre o ser humano, a vida e o seu Criador.

Com mais de três milhões de livros vendidos, Augusto Cury analisa a alma de Deus para nos ajudar a buscar explicações para os mistérios da existência.

## *A sabedoria nossa de cada dia*

Augusto Cury

O Pai-Nosso é uma das orações mais recitadas em todo o mundo, mas poucas pessoas compreendem a profundidade das mensagens que ela traz. *A sabedoria nossa de cada dia* revela os segredos ocultos nas palavras de Jesus através da análise da personalidade humana, seus dilemas e conflitos.

Nessa fascinante jornada, você vai descobrir a profunda visão de Jesus dos sentimentos humanos e conhecer algumas ferramentas indispensáveis ao equilíbrio, à saúde mental e à expansão dos horizontes da inteligência.

## *100 segredos das pessoas felizes*
David Niven

Não existe a menor dúvida: ser feliz é o desejo de todo ser humano. Mas o que isso significa e como atingir a tão sonhada felicidade?

David Niven organizou a lista dos 100 segredos mais simples capazes de tornar as pessoas felizes. Esse é um livro para ser lido devagar, degustando cada tópico, deixado que ele penetre em nossa consciência, nos questionando e transformando. Assim você vai compreender as diferenças entre as pessoas felizes e as infelizes e descobrirá o que pode fazer para aproveitar melhor a vida.

## *100 segredos das famílias felizes*
David Niven

Este é um livro sobre famílias reais, com suas lutas e alegrias, dificuldades e conquistas. David Niven nos mostra que não existem famílias perfeitas, mas que é possível fazer pequenas coisas para tornar a vida muito mais feliz e prazerosa.

Baseado em pesquisas científicas, *100 segredos das famílias* felizes apresenta ótimos conselhos para lidar com a educação dos filhos e os conflitos entre os casais, ajudando-nos a construir relações mais saudáveis, verdadeiras e, sobretudo, gratificantes.

Cada capítulo traz conclusões de psicólogos e cientistas que estudaram a rotina de milhares de famílias. A partir de exemplos reais, você vai aprender formas de superar as dificuldades e os dilemas comuns das pessoas que vivem sob o mesmo teto, desde como cuidar das crianças até como se entender com a sogra.

## CONHEÇA OS 30 CLÁSSICOS DA EDITORA SEXTANTE

*O monge e o executivo,* de James C. Hunter

*Você é insubstituível, Dez leis para ser feliz, Pais brilhantes, professores fascinantes* e *Nunca desista de seus sonhos,* de Augusto Cury

*O Código Da Vinci* e *Anjos e Demônios,* de Dan Brown

*Jesus, o maior psicólogo que já existiu,* de Mark W. Baker

*Por que os homens fazem sexo e as mulheres fazem amor?,* de Allan e Barbara Pease

*O que toda mulher inteligente deve saber,* de Steven Carter e Julia Sokol

*Muitas vidas, muitos mestres,* de Brian Weiss

*Enquanto o amor não vem,* de Iyanla Vanzant

*Não leve a vida tão a sério,* de Hugh Prather

*A última grande lição* e *As cinco pessoas que você encontra no céu,* de Mitch Albom

*Um dia "daqueles"* e *Querida mamãe, obrigado por tudo,* de Bradley Trevor Greive

*Palavras de sabedoria,* de Sua Santidade, o Dalai-Lama

*A vida é bela,* de Dominique Glocheux

*1.000 lugares para conhecer antes de morrer,* de Patrícia Schultz

*Transformando suor em ouro,* de Bernardinho

*Os segredos da mente milionária,* de T. Harv Eker

*Mantenha o seu cérebro vivo,* de Lawrence Katz e Manning Rubin

*O Poder do Agora,* de Eckhart Tolle

*O poder da paciência,* de M. J. Ryan

*Aprendendo a gostar de si mesmo,* de Louise Hay

*A arte da meditação,* de Daniel Goleman

*A Boa Sorte,* de Álex Rovira Celma e Fernando Trías de Bes

*O ócio criativo,* de Domenico De Masi

*A Dieta do Abdômen,* de David Zinczencko e Ted Spiker

## INFORMAÇÕES SOBRE OS PRÓXIMOS LANÇAMENTOS

Para receber informações sobre os lançamentos da EDITORA SEXTANTE, basta enviar um e-mail para
atendimento@esextante.com.br
ou cadastrar-se diretamente no site
www.sextante.com.br

Para saber mais sobre nossos títulos e autores, e enviar seus comentários sobre este livro, visite o nosso site:
www.sextante.com.br

EDITORA SEXTANTE
Rua Voluntários da Pátria, 45 – Gr. 1.404 – Botafogo
22270-000 – Rio de Janeiro – RJ
Tel.: (21) 2286-9944 – Fax: (21) 2286-9244
E-mail: atendimento@esextante.com.br
www.sextante.com.br